Luisa Francia

Frauenkraft, Frauenweisheit

Luisa
Francia

Frauenkraft, Frauenweisheit

Mit Freude den eigenen Weg gehen

nymphenburger

freiheit muss man sich nehmen.
meret oppenheim

inhalt

nobody gives you power – you just take it.
edith sitwell

mein sein

ich möchte die werden die ich bin
ich möchte so sein
wie ich geworden bin
ich möchte so wahrgenommen werden
wie ich geworden bin
ich möchte nur sein
und nicht werden wollen
ich bin die die ich bin
und ich entziehe mich der wertung
ich spiegle mich in meinem schatten
wir kommen nicht
voneinander los
»auf ewig dein«
den schatten spürend sein
– ja, das ist meins

bei sich selbst zu hause sein
quelle von kraft und weisheit

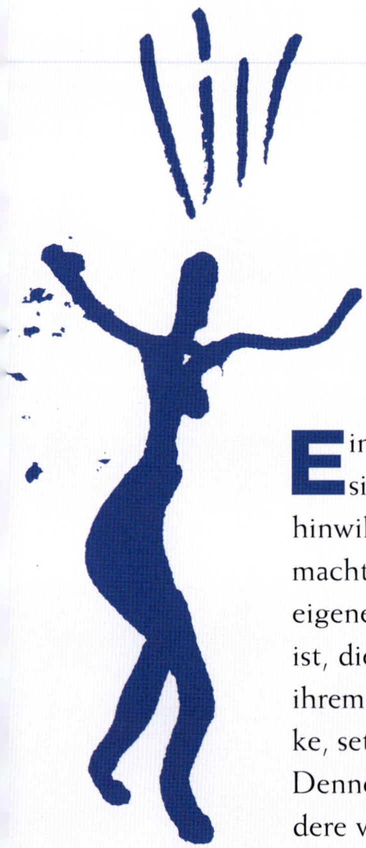

Eine weise Frau ist eine, die sich auf den Weg macht, um herauszufinden, wer sie wirklich ist, was sie wirklich will, wo sie herkommt und wo sie eigentlich hinwill, eine Frau, die alles zu ihrer Zeit auf ihre Weise nach ihrer Erkenntnis macht, die, niemandem verpflichtet, das, was sie geben mag, gerne gibt. Die ihre eigenen Fehler nicht anderen zuschiebt, die es erträgt, dass sie nicht vollkommen ist, die sich alles verzeiht und trotz aller Hindernisse und Probleme, die sie mit ihrem Weg haben mag, bei sich bleibt. »Was ich erfinde, finde ich, was ich denke, setze ich um, was ich tue, verantworte ich«, könnte ihr Leitsatz sein.
Dennoch ist es für viele am leichtesten, etwas über andere zu sagen. Über andere wissen wir eigentlich immer alles. Was sie falsch machen. Was sie machen müssten, um ihr Leben zu verbessern. Warum sie dieses oder jenes nicht können. Die anderen – wir spiegeln uns in ihnen, wir kritisieren, beurteilen, verurteilen, loben, tadeln. Ein ständiger Strom von Meinungen und Urteilen fließt durch alle Hirnkanäle. Weil es so leicht ist, alles über die anderen sagen zu können, bieten

SCARED
OF THE
SACRED
?

auch so viele Menschen Hilfe an. Körpertherapie, Gestalt-, Tanz-, Psychotherapie, kreatives Malen, Schreiben, alles Mögliche. Und weil so viele Menschen sich selbst nicht spüren können, funktionieren Angebot und Nachfrage ganz gut. Doch dann kommt irgendwann die Workshop-Routine. Was wird hier verlangt? Ah, Schwitzen, Schreien. Oder doch Stille? In-sich-Gehen. Sitzen, Leerwerden. Was es nicht alles gibt. Und immer ziehen die Gedanken durch die Hirnbahnen. Hab ich eigentlich den Herd ausgeschaltet? Wie die mich angesehen hat, was passt denn der nicht? Ich muss unbedingt Karotten und Milch kaufen. Wo sind eigentlich meine roten Schuhe. Ich halte das nicht mehr aus.
Wie komme ich da nur raus?
Wie bin ich bei mir selbst zu Hause?
Zu Hause – die Tür ist auf, jeder springt einfach rein, aus der Zeitung, aus dem Fernsehen, von der Straße. Während ich noch über die wesentlichen Dinge des

Lebens nachdenke, entgleist ein Zug, verschwindet ein Kind, redet irgendein Politiker irgendetwas, was ich doch auch schon hundertmal gehört habe. In meinem Haus zieht es. Irgendwelche Menschen, die ich gar nicht kenne, richten sich da ein, wo schon die Texte, Bilder, Gefühle von Menschen lagern, mit denen ich gelebt, die ich geliebt, die ich verlassen, die mich verlassen haben. Hier stauen sich Lebensweisheiten, dort türmen sich Abneigungen auf. Mein Haus ist von fremden Stimmen erfüllt, die mir sagen, was ich tun soll, was ich nicht tun soll, wann was wo fällig ist.

Leer werden. Schön gesagt. Seit Jahrzehnten höre ich immer wieder, dass es wichtig ist, leer zu werden, um sich selbst zu spüren. Ich vermute, dass das Blödsinn ist. Nicht leer muss ich werden, sondern wach. Meditieren bringt Ruhe und Bewusstheit ins Leben, doch wichtiger noch ist das Wachsein im Alltag. Was nützen die schönen Wochenenden, die Kurse, die Auszeiten, wenn der Alltag davon unberührt bleibt? Wahrnehmen, sehen, hören, fühlen, riechen, ohne vorher schon zu entscheiden, was man da sehen, hören, fühlen oder riechen wird – darum geht es doch.

Die Erkenntnisse über die Welt im Allgemeinen, die Menschen im Besonderen und die Veränderungen kommen wie im Supermarkt fertig verpackt daher. Auspacken, schlucken, verdauen, fertig? Wie fühlt es sich an, wenn ich mal keine Meinung zu irgendetwas habe, wenn ich mal nicht weiter weiß, mich aber auch nicht in eine Entscheidung drängen lasse? Was passiert, wenn ich mir kein Zeitlimit setze – jetzt aber schnell, sonst ist die Gelegenheit vorbei, sonst schaffe ich es nicht? Stille. Die Gedanken ziehen dahin, wirbeln, ballen sich, fallen auseinander, ziehen andere Gedanken an, sammeln sich, zerstreuen sich. Gedanken wahrnehmen, ohne sie mit Energie zu nähren. Aus den immer gleichen Bahnen ausbrechen, andere Gedanken, andere Möglichkeiten erfinden.

Wie ist das – bei sich selbst ankommen, bei sich selbst zu Hause sein? Sich ausdehnen in den weiten Raum, Farben, Formen, Laute schwingen lassen, nichts festhalten.

Natürlich machen wir Fehler, natürlich benehmen wir uns manchmal blöd, na und? Das trifft auch auf alle anderen Menschen zu. Dafür muss sich niemand hassen und verurteilen oder gar selbst in den Rücken fallen. Wer zu sich selbst

steht, baut auch Hindernisse für andere auf. Geht es nicht darum, gelassen auszuhalten, dass andere mir ein Hindernis sind, dass ich anderen ein Hindernis bin, ohne diese Hindernisse sofort ausräumen zu wollen? Je mehr man sich selbst verzeihen kann, desto milder wird der Blick auf andere und desto sichtbarer und spürbarer werden die eigenen Gefängnisstrukturen. Gefangen im Magnetfeld der Angst, gefangen in der Konvention, in Gewohnheiten, in Überzeugungen, in Vorurteilen, verschwimmt der Blick auf die Wirklichkeit. Denn die Wirklichkeit setzt sich aus Absprachen zusammen, nicht etwa aus Wahrheiten. Wir zementieren die gewohnten Strukturen immer wieder neu, weil es Überwindung kostet, sie abzubauen. Manchmal ist es sogar harte Arbeit.

Wenn ich mich über Dienstleistungen für andere definiere, fällt es schwer, diese Dienstleistungen einzustellen, denn da entsteht ja ein leerer Raum und wie fülle ich den? Gar nicht. Der nicht gestaltete Raum ist die Möglichkeit, die eigene Lebensenergie neu zu spüren. Doch Leere und Stille werden von Menschen, mit denen wir leben, die an unsere Gewohnheiten, womöglich an unsere Dienstleistungen gewöhnt sind, nicht gern akzeptiert. Eher schon wird ein Paradigmenwechsel, eine neue Lebensform, ein neues Muster angenommen. Wenn ich sage: »Ich gehe meditieren!«, dann ist das eine Tätigkeit, von der die meisten Menschen schon gehört haben und der Widerstand wird nicht so groß sein, wie wie wenn ich sage: »Ich weiß noch nicht, wo es hingeht.« Da wissen gleich ein paar andere etwas: »Mach doch, probier doch, geh doch ...«

Tatsächlich ist es manchmal besser, die alte Form zu halten, wenn für die neue nicht genug Kraft da ist. Nicht immer ist es gut, aus dem alten Leben komplett auszusteigen. Aber wenn man sich zu lang zu viel gefallen ließ, wird der Druck vielleicht so groß, dass gar nichts mehr geht. Diese dramatischen Eruptionen in Beziehungen, in Familien führen oft dazu, dass Frauen, die beschlossen haben, alles hinzuwerfen, nun überhaupt nicht mehr wissen, was sie tun sollen. Zumal die Familie sich ja auch ohne Mama ganz gut organisiert. Es dauerte kein Jahr, bis meine Freundin, die sich für ihre Familie aufgeopfert hatte und an Krebs starb, vergessen war, ja, es schlich sich sogar langsam die Erkenntnis ein, dass alles viel entspannter lief ohne ihre ständige arbeitsame Anwesenheit.

Seit vielen Jahren kümmere ich mich mit meiner Schwester um unsere sehr alte

Mutter. Sie ist lebenslustig, aber gebrechlich. Asthma nimmt ihr den Atem und die Beweglichkeit. Irgendwann kam ich an meine Grenze. Selbst nicht mehr jung, bin ich an diese alte Frau gebunden, die ihre Lebenskraft natürlich auch von ihren beiden Töchtern abzieht. Dabei ist meine Mutter in ihren Wünschen und Bedürfnissen ganz ehrlich und frei. Sie sagt, was sie braucht. Ich begriff: So ist die Natur. Wesen, die in ihrer Natur frei agieren, holen sich Energie und Nahrung, wo sie sie finden, ohne sich darüber Gedanken zu machen, ob sie damit andere Wesen schwächen. Es ist also unsere Aufgabe, Nahrung und Energie, die wir selbst brauchen, auch bei uns selbst zu lassen. Ich setzte meiner Mutter Grenzen. Ich hörte auf, über ihre Befindlichkeit, ihre Schmerzen, ihre Probleme nachzudenken, mich in sie hineinzuversetzen, ständig von Mitgefühl und

Mitleid bewegt zu werden. Ich lernte es von meiner Schwester, die sich besser abgrenzen konnte. Ich entfernte mich häufig von meiner Mutter, um immer wieder bei mir selbst zu sein. Daraufhin hatte meine Schwester das Problem, dass sie in den hungrigen Sog geriet, und nun bringe ich ihr bei, was sie mir beigebracht hat: Wir wurden nicht geboren, um unsere alten Eltern zu versorgen. Wir können das tun, weil wir sie lieben, doch es geht nicht nur darum, was wir tun können, sondern auch um das, was wir tun wollen.
Es mag sein, dass in alten Zeiten Familien zusammenhielten und es auch heute noch tun, doch klar ist auch, wer die Hauptlast dieser Gemeinsamkeit trägt: die Frauen der Familie. Wer aus diesem Labyrinth herausfinden will, braucht den roten Faden: Verbindung zur eigenen Kraft, zu den eigenen Wünschen.
Um bei sich selbst zu Hause zu sein, ist es gut, den Rat zu befolgen, den die FlugbegleiterInnen den Reisenden geben: Bei etwaigem Verlust von Sauerstoff die Sauerstoffmasken zuerst selbst anlegen, dann eventuell Kindern oder hilfsbedürftigen Personen helfen. Übersetzt heißt das: Du kannst, ja, du darfst nur helfen, wenn du selbst gut versorgt bist. Wer nicht nehmen kann, soll auch nicht geben.
Wenn ich meine eigenen Bedürfnisse nicht mehr verschleiern muss, wenn ich nicht alles »diplomatisch« oder »durch die Blume« kommuniziere und erwarte, dass die anderen dann schon verstehen, was ich brauche, wird der Weg zu mir selbst frei. Warum sollen die Menschen meiner Umgebung erfühlen, was ich brauche? Ich kann es doch formulieren, zeigen, äußern. Wenn ich es nicht kann, wird es zu meinem Projekt: Was brauche ich? Was wünsche ich mir? Und wie bringe ich es erfolgversprechend in meine Umgebung ein? Wie verändere ich meine Lebenssituation so, dass ich nicht ständig für andere da bin, sondern mein Leben wirklich lebe und nicht etwa nur ertrage?
Bei der Überlegung, wie man in eine Situation hineingeraten ist, die unerträglich wird, die Gewalt und Ausbeutung beinhaltet, belügen wir uns gern selbst: »Ich konnte ja nicht …«, »Ich wurde ja gezwungen …«, »Ich hatte keine Ahnung …« Für Gefangenschaften, die in der Kindheit entstanden sind, mag das sogar stimmen. Doch gibt es keine Alternative zur schonungslosen Selbst-Diagnose, wenn eine bei sich selbst zu Hause sein will. Welche Vorteile ziehe ich aus der Situ-

ation, in der ich bin? Was hindert mich, sie zu verändern? Oft genug ist es die Gewissheit, dass man entbehrlich ist, die die innere Gefangenschaft festigt. Sie brauchen mich – also bin ich.
Eine Frau, die sich selbst liebt, wird immer geliebt. Du kannst es nicht allen recht machen, mach es dir selbst recht, dann ist wenigstens eine Person glücklich.

Neu werden

Natürlich kann dieses Ritual notfalls auch allein gemacht werden, doch viel schöner ist es mit anderen Frauen. Sie bilden also einen Kreis. Eine geht in die Mitte und sagt jetzt alles, was zu ihr gehört, was sie in sich sieht, fühlt. Alles, was sie verwirklicht hat und noch verwirklichen will. Sie beschreibt sich in allen Facetten, wie sie Lust hat.
Die anderen bilden währenddessen den Schutzkreis, aber auch den Unterstützerinnenkreis. Sie klatschen oder rasseln, singen, stampfen – sie tun alles, was die Frau in der Mitte wünscht, um sich selbst neu zusammenzusetzen.
Wenn die erste alles gesagt hat, rufen die Frauen im Kreis: »So sei es.« Dann kommt die nächste. Und so weiter. Bis alle Frauen alles gesagt haben. Am Ende stampfen, klatschen, singen alle Frauen und rufen: »So sei es.«

die innere heimat
das erforschen des eigenen raums

»Ich fühle mich wurzellos«, sagt eine Freundin. »Nicht beheimatet dort, wo ich geboren wurde, nicht beheimatet in der Familie. Und auch der Ort, an dem ich lebe, ist mir keine Heimat.«

Brauchen wir denn Heimat? Und was ist Heimat wirklich? Heimat kann ein geographischer Ort sein – und ist es auch für viele Menschen. Der Ort, an dem man aufwächst, den man liebt, die Wälder, die Wiesen der Kindheit oder auch die Straße, das Viertel, in dem man mit anderen Kindern spielte. Afrikanische Freundinnen, die nach der Heirat in den Hof, ins Haus der Schwiegermutter zogen, sagten oft, das hätte für sie Heimatverlust bedeutet. Das Regiment der Schwiegermutter wurde als Fremde empfunden und eigene Heimatanbindung war nicht mehr möglich. Interessanterweise sprachen sie nicht von der Fremde, die der Mann einbrachte, das störte sie nicht. Der Kulturkampf schien zwischen Frauen zu laufen.

Bei uns ist das Heimatgefühl oft mit den geliebten Lebensgewohnheiten verbunden und die Fremde ist nicht selten der Mann, der einen anderen Lebensstil einfordert. Es geht jedoch gar nicht darum, die aufgedrängte Fremde zu beklagen, sondern herauszufinden, wo die innere Heimat angesiedelt ist. Wo blühe ich auf? Was macht mich glücklich? Wo wächst die Zufriedenheit? Wo die Frustration? Wo fühle ich mich fremd? Wie gehe ich mit dem Gefühl der Fremde um? Warum muss es bedrohlich sein? Es könnte ja auch eine Herausforderung, eine Abenteuerreise werden.

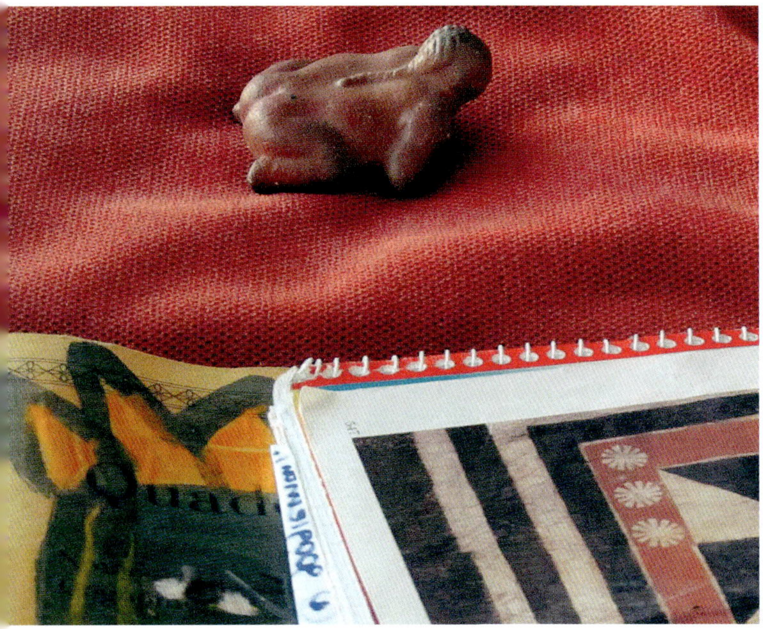

Doch abenteuerlich und wohlig wird die Fremde erst, wenn die innere Heimat gefunden ist. Wer bei sich selbst angekommen ist, kann sich überall beheimaten. Die Fremde wird dann nicht mehr bedrohlich, sondern interessant, anstrengend vielleicht, doch auch spannend. Innere Heimat bedeutet: Ich bin die Person, die ich wirklich bin, nicht die, die von fremden Befehlen gesteuert ein Leben im Exil führt. Wie sieht das aus? Am Beginn der inneren Heimat steht die Überprüfung der Fremdeinwirkung. Was alles denke, wünsche ich mir und was mache ich nur, weil jemand mir das so vorschlägt, weil jemand will, dass ich so denke und handle? Wie viel Fremdeinwirkung prägt meine Umgebung, wie viel ist wirklich ganz Meines? Wie oft schäme ich mich meiner Wünsche, meiner Sehnsüchte? Was alles muss ich verschweigen, um harmonisch in meinem Umfeld leben zu können? Wie oft korrigiere ich mich in vorauseilendem Gehorsam, weil ich weiß, dass meine Wünsche, meine Meinung, meine Überzeugung von anderen abgelehnt, lächerlich gefunden, zurückgewiesen werden? Habe ich das Gefühl, nicht ganz so schlau, nicht gesellschaftsfähig zu sein? Wie oft bin ich dankbar, dass mich jemand wahrnimmt, dass jemand meinen Namen kennt, dass ich gemeint bin und nicht mein Mann, mein Sohn, meine Tochter?

Wer bin ich, wenn's nach meinen Tagebucheintragungen geht oder, mehr noch, nach dem, was ich nie aufschreiben würde?

Die innere Heimat zu finden, erfordert nicht selten, den eigenen Raum zu beanspruchen. Wenn ich nirgendwo einen Raum habe, in dem ich ungestört bin, in dem ich meine Vorstellung von Lebenskraft, Dekoration, Kunst, Spiritualität oder Magie materialisieren kann, wird der innere Raum ständig in Widerspruch mit dem äußeren stehen. Vielleicht ist eine auf der Suche nach Klarheit und minimalistischer Einrichtung, doch die Kinder lassen tausend Dinge überall liegen, der Mann will dieses und jenes im Raum haben, das gemeinsame Schlafzimmer ist voll von nicht erfüllter, nicht gesprochener, nicht erfühlter Energie. Wenn's ganz schlimm kommt, ist es ein Schlafzimmer wie es auch die Nachbarn haben – alle liegen in diesem Raum mit den schreienden Wänden und dem vorwurfsvollen Bett, den schwer atmenden Fenstern und dem wissenden Boden. Was geschieht, wenn eine Frau den eigenen Raum einnimmt? Das lässt sich leicht vorstellen, wenn man überlegt, was geschieht, wenn eine Frau den eigenen Raum nicht einnimmt. Sie muss in diesem Fall ihre Energie zurückfahren, ihre Bedürfnisse zurückstellen, macht ja nichts? Im eigenen Raum dehnt sich die Energie aus wie ein Körper, der, vom Korsett befreit, endlich nach allen Seiten wallen darf. Wenn ich Freundinnen erzähle, dass ich eine provisorische Zahnprothese trage, lachen sie. Werden unruhig. Sie zahlen alle zwischen fünf- und zehntausend Euro oder noch mehr für Implantate – weil man die nicht herausnehmen kann und der Partner dann nicht vom Gebiss abgeschreckt wird. Der Partner, der von meinem Gebiss abgeschreckt wird, existiert natürlich nicht. Ich bin die Meinige. Endlich. Auf ewig dein, habe ich mir geschworen!

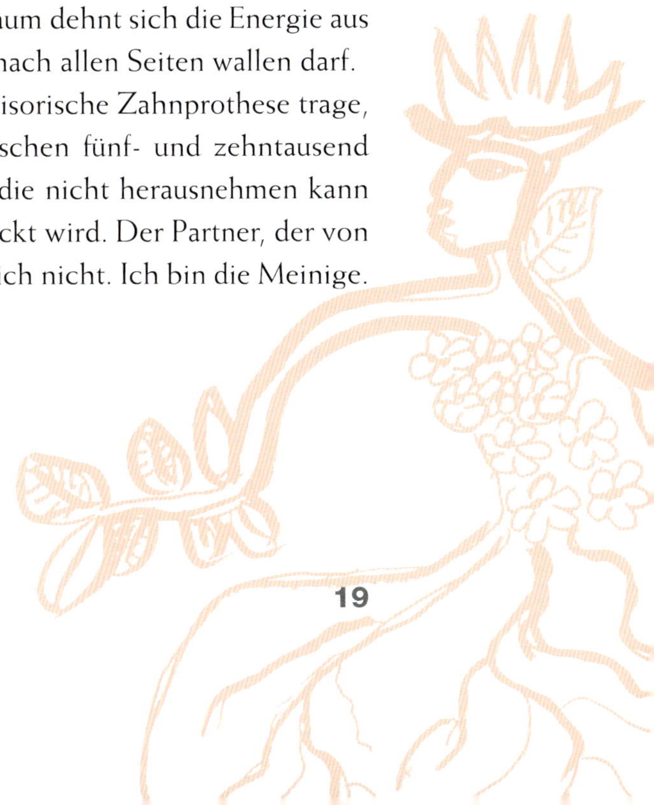

magische karte *Heimat*

Diese Koordinatenkarte kann entweder aufgeschrieben oder aufgemalt werden. Auf einem großen Blatt Papier wird Folgendes festgehalten:

- Mein Lieblingsessen/Meine Kraftnahrung
- Mein Kraftort – das kann ein geographischer (z. B. Tibet oder Cornwall) oder ein allgemeiner (z. B. eine Quelle oder ein Berggipfel) sein.
- Wie stelle ich mir meine Schutzhülle vor?
- Welche Pflanzen lieben meine Nähe oder welche liebe ich, vielleicht sogar: In welcher Pflanze spüre oder sehe ich Feen?

- Welches Tier empfinde ich als Schutztier oder magisches Helferwesen?

- Habe ich einen Kraftgegenstand (z.B. etwas, was ich gern bei mir habe, einen Stein, eine Muschel, einen Schal usw.)?

- Wie/wo sehe ich mich, wenn ich mich nicht an die Gesetzmäßigkeiten der physischen Welt halte? Hier ist es wichtig, den Körper in die Grenzenlosigkeit des Geistes mitzunehmen, anstatt den Geist in der ewigen Begrenzung des Körpers festzuhalten, das heißt, die absolute und universelle Fähigkeit der Fantasie, alles aber auch wirklich alles zu erfinden und zu entwerfen, anzunehmen – mit anderen Worten: die unzensierte Vision.

Zwei Hindernisse tauchen hier gern auf:
Das darf ich gar nicht denken, das klappt sowieso nie, also hat's auch keinen Zweck.
Darf man denn überhaupt in die eigene Zukunft so eingreifen? Das ist doch Manipulation.

Das erste Hindernis ist leicht überwunden: Ist doch nur ein Spiel. Lass es einfach zu, probier es aus, genieße es, dass es keine Konsequenzen haben muss. Du träumst und bist frei.
Das zweite Hindernis ist komplizierter: Das eigene Leben nicht nur in die eigenen Hände zu nehmen, sondern auch über Verbote und Gebote der Familie, der Religion, der allgemein üblichen Lebensformen zu springen, ist praktisch tabu – auch heute. Eine Frau, die sich da widersetzt, wird schnell diffamiert und ausgegrenzt. Wir leben ja nicht nur von Nahrung, sondern auch von Akzeptanz. Ganz ohne schafft es keine. Wenn ich mir also eine Situation imaginiere, die von der »Norm« weit abweicht, imaginiere ich das wohlige Gefühl dazu, dass ich dabei haben werde.
Darf ich mein Leben selbst gestalten? Aber natürlich – das ist das Wichtigste. Nur so weiß eine, dass sie ihr eigenes Leben gelebt hat und nicht das der anderen.

verbunden mit den weisen frauen
vorbilder aus der geschichte

Viel zitiert, viel gelobt und auch immer wieder verspottet sind sie, die weisen Frauen der Geschichte, die Hebammen, die Heilerinnen, die Seherinnen, die Wenderinnen und Rebellinnen. Es scheint oft so abzulaufen, dass eine Frau sich für eine starke Frau aus der Geschichte interessiert und sofort alle möglichen Einwände zu hören bekommt. Denn starke Frauen sind auch irgendwie bedrohlich. Wenn sie aus ihrem gesellschaftlichen Korsett ausgebrochen sind, könnte es ja jede andere auch schaffen. Freiheit ist nicht bequem. Eine Frau, die ihre Kraft lebt, eckt überall an. Nachstehend beschreibe ich einige Frauen, die auf unterschiedliche Weise die ihnen gesetzten Grenzen überwanden und wegweisend für andere wurden:

Ottilia von Gersen

Ottilia zog mit ihren Freundinnen durch die Wirtshäuser und hat offenbar einiges vertragen, gesungen, getanzt! Kein Zweifel, sie war eine unglaublich mutige

Frau. Sie floh mit achtzehn Frauen aus einem Augustinerkloster, in das sie alle von ihren Familien verbracht worden waren. Ihr Mann Thomas Münzer und seine Kumpane erwähnen Ottilia nie, weil sie natürlich für die Herren der Schöpfung eine Qual und sehr peinlich war. Während ihr Mann die Religion erneuern wollte, forderte sie schon Rechte für Frauen in einer Zeit, als Frauen noch unter der Munt, der Vormundschaft ihres Vaters oder ihres Mannes waren. Sie lebte mit

Frauen zusammen, vielleicht sogar in einem Beginenhaus. Beginenhäuser waren nicht nur die Zuflucht für Frauen, die nicht ins Kloster gehen, aber auch nicht in einer Ehe gefangen sein wollten, sie waren auch ein Lebensentwurf von Frauen, die ganz anders leben wollten – ohne Männer. Das ist ja sogar heute noch eine Art Provokation.
Weise Frauen sind nicht unbedingt freundliche grauhaarige Damen, die schon viel erlebt haben. Auch Provokateurinnen können durchaus weise sein.

Teresa von Avila

Ich habe mich in meiner Jugend intensiv mit Teresa von Avila beschäftigt, einer Mystikerin, die unerhörte Dinge sagte, zum Beispiel,dass Spiritualität nicht nur in der Kirche stattfinde, da sogar eher nicht, dass das Heilige auch in der Küche zu finden sei und Pflanzen und Tiere heilig seien. Im Mittelalter reichte das oft schon, um hingerichtet zu werden. Mit dem »lieben Herrn« war sie auf du und du. »Erlöse uns von dummen Andachten und falschen Heiligen«, betete sie zum Beispiel. Das zeigt nicht nur, dass sie es anscheinend besser wusste als er, sonst hätte er das ja längst getan, es führt uns auch zu jener Frauenenergie, mit der wohl auch Eva ausgestattet war. Die Erkenntnis liegt bei der Frau. Der Mann lässt sich verführen. Die starke Bindung zur Natur ist eben auch Frauensache. Die weisen Frauen pfeifen auf lateinische Riten, konventionellen hohlen Umgang und Fachsprache und suchen den wahren, ursprünglichen Zugang zu allem, was das Universum bietet.

Machig Lapdrön

Dass die »grundlegende Erkenntnis« Frauensache ist, weiß auch der tibetische Buddhismus. Den Männern werden lediglich die »geschickten Mittel« zugestanden, was allerdings leider nicht bedeutet, dass Frauen im tibetischen Buddhismus eine hervorragende Stellung hätten. Lange Zeit behaupteten die obersten Lamas, dass Frauen mindere Reinkarnationen seien, wie ja auch die Kirche bis vor nicht allzu langer Zeit den Frauen keine Seele zugestand.

Die tibetische Mystikerin Machig Lapdrön war eine einfache tibetische Frau und Mutter. Sie fühlte jedoch, dass sie nicht ihr ganzes Leben so verbringen würde. So sagte sie, sie würde bei ihrer Familie bleiben, bis die jüngste Tochter fünfzehn Jahre alt sei, dann würde sie sich auf den Weg machen, um nur noch als Mystikerin zu leben und das Ego zu überwinden. Machig Lapdrön gilt als Reinkarnation der Yeshe Thsogyel, einer Art Emanation der Göttin Tara. Mich interessiert nicht so sehr die buddhistische Lehre, die sie verbreitete; was ich ungewöhnlich und spannend finde, ist die Tatsache, dass sie ihre Familie verließ. Dass ihr der spirituelle Weg wichtiger war. Das wird im 11. Jahrhundert selbst für Buddhisten keine Kleinigkeit gewesen sein. Zwar gibt es bis heute in allen Traditionen die Vorstellung, dass die Frau für andere geboren wird, um ihre Eltern, ihre Brüder, ihren Mann, ihre Kinder zu versorgen. Doch haben alle Religionen die kleine Hintertür geöffnet – als Reinkarnation einer Göttin, eines Gottes, als Heilige oder Selige darf eine schon mal den Putzlappen in die Ecke werfen und erleuchtet, exaltiert oder verzückt sein.

Wer glaubt, heute sei es für Frauen leichter als im Mittelalter, muss sich nur einmal auf eine Diskussion einlassen, in der die Frau, ganz in der tibetischen Tradition, sagt, sie habe die Erkenntnis, während der Mann eben nur die geschickten Mittel besäße. Diese Situation greift auch folgender Witz auf: »Ein Mann erleidet bei einem Unfall einen schweren Hirnschaden, an dem er womöglich sterben wird. Der Arzt ruft die Familie zusammen, nur eine Hirntransplantation könne dem Patienten helfen. Die Familie willigt ein. Der Arzt bemüht sich um ein Ersatzhirn. Als die ganze Familie am Bett des Kranken sitzt, kommt der Arzt dazu. ›Ich hätte jetzt zwei Hirne, eins von einem Mann, das kostet drei-

ßigtausend Euro, und eins von einer Frau, das kostet nur zehntausend Euro.‹ Die Tochter wittert Frauenverachtung und empört sich: ›Warum ist das Hirn der Frau billiger?‹ Der Arzt sagt: ›Na ja, es wurde schon gebraucht.‹«

Frauen nutzen ihre Klugheit heute gern, um die Fäden im Hintergrund zu ziehen. Keine Frau, die nicht wüsste, wie sie ihren Mann dahin bringen könnte, wo sie ihn haben will. Meine Oma sagte dazu: »Die kluge Frau regiert aus dem Hinterhalt.«

Maria Reiche

Zu den weisen Frauen, die mich interessieren, gehört auch Maria Reiche. »Wenn mein Vater nicht im Krieg gestorben wäre, wäre aus mir eine kleine deutsche Spießerin geworden«, sagte sie in einem Interview zu Bruce Chatwin. Sie lebte mit ihrer Gefährtin Amy Meredith und ihrer Schwester Renate zusammen in

einem Haus in Lima. Die Frauen adoptierten ein peruanisches Mädchen, Ana Maria, die ebenfalls bei ihnen lebte. Als Maria Reiche tief eingegrabene Linien in der Wüste entdeckte, begann sie, diese sogenannten Nazca-Linien zu erforschen, deren Bedeutung bis dahin niemand erkannt hatte. Diese Scharr-Bilder, die sich über viele Quadratkilometer erstrecken, sind erst aus der Luft als Tiere, Figuren oder geometrische Muster zu erkennen. Maria Reiche veröffentlichte zum ersten Mal 1949 Texte und Bilder über diese Linien und erreichte, dass sie zur archäologischen Schutzzone ernannt wurden. Heute gehen Archäologen davon aus, dass diese Linien eine Art magisches Gesamtbild darstellen, denn es wurden auch kleine Altäre und Opfergaben gefunden.
Marias Weisheit bestand nicht nur darin, dass sie den Wert dieser in den Wüstenboden gegrabenen Linien am nördlichen Rand der Atacamawüste erkannte, sondern auch, dass sie sich durchsetzte und die Anerkennung und den Schutz dieser frühgeschichtlichen Bodenzeichnungen erreichte, deren Herkunft übrigens bis heute unbekannt ist.

Susanne Wenger

»Adunni Olorisha«, Susanne Wenger, die als Priesterin bei den Yoruba lebte und mit über neunzig Jahren vor Kurzem starb, war eine ungewöhnliche und weise Frau. Ich habe viel von ihr gelernt. Als junge Künstlerin in Wien wehrte sich die unkonventionelle Susanne, die von sich sagte, sie habe in der Schule der Felsen und Bäume gelernt, gegen die Nazis und half Freunden zu fliehen. Sie heiratete ihren Freund Ulli Beier, der als Lehrer nach Afrika ging, um ihn begleiten zu können. Diese Entscheidung sollte ihrem Leben eine unerwartete Wendung geben. In Nigeria lernte sie den Ajagema, Priester und Trommler der Yoruba kennen. Er führte sie in die Yorubatradition ein und sie wurde nach einer körperlich und spirituell qualvollen Zeit, nach einer Lungenentzündung, die sie fast ein Jahr aufs Krankenbett warf, zur Priesterin initiiert.
In einer Zeit, in der ich als leidenschaftliche Feministin Männer gar nicht erst in meine Philosophie einbeziehen wollte, brachte sie mir den emanzipatorischen Standpunkt der Yorubatradition nahe, nach der sich die Menschen »einen Kopf«

selbst auf dem Markt aussuchen und für ihren Kopf auch verantwortlich sind. Auf diese Weise sind alle Menschen gleich gefordert und niemand ist wichtiger.

Ein Schöpfungsmythos beschreibt, wie die Götter haderten, weil die Welt zugrunde ging und sie nicht wussten, wie sie das aufhalten sollten. Sie gingen zur universellen göttlichen Energie Obatala, die nicht männlich, nicht weiblich ist, von der alles durchdrungen ist. Obatala sagte, die Welt sei nicht zu retten, wenn nicht Oshun, die einzige weibliche Göttin im Orisha-Pantheon, um Hilfe gebeten werde. Ohne die Kraft des Weiblichen gehe die Welt zugrunde – das ist doch eine sehr aktuelle Auskunft.

Susanne lebte über vierzig Jahre in Nigeria, wurde durch mehrjährige Initiationsriten, die sie fast umbrachten, zur Priesterin sowohl von Obatala als auch von Oshun – was eigentlich gar nicht möglich ist. Ein Mensch hat nach Yoruba vorstellung immer nur eine Orisha-Paten-Energie. Doch Susanne hatte den heiligen Hain gerettet, zum Weltkulturerbe erklären lassen und wurde so auch zur Schützerin des heiligen Flusses Oshun. Tief in die Tradition dieser afrikanischen Religion verwoben, war sie im Grunde jedoch bekennende Buddhistin und all die Zauberei und der Fetischismus blieben ihr fremd.

Ute Schiran

Ute Schiran war eine der unkonventionellsten Frauen, die ich kenne. Als ich sie das erste Mal traf, war sie mit einem Millionär verheiratet und versorgte ihre Freundinnen mit Großeinkäufen. Sie hatte einen kleinen Sohn und zog bald in eine Frauenwohngemeinschaft. Vom nächsten Mann bekam sie eine Tochter. Wir hatten mittlerweile begonnen, Geburten zu begleiten, nicht als Hebammen, die wir ja nicht waren, sondern als spirituelle Traumhelferinnen. Was mich immer etwas irritierte, war die Forderung, alle Frauen müssten lesbisch sein. Wir drifteten auseinander. Ich hielt mich viel in Afrika auf, sie lebte mal in einem Zelt in der Eifel, mal in einem Steinhaus in Cornwall, immer am existenziellen Limit. Als sie nach Portugal zog, baute sie mit ihrer Lebensgefährtin Rita zwei Ruinen auf, wo sie beide lebten, bis Ute im September 2013 starb.

Auf dem Land gibt es weder Wasserleitung noch Stromanschluss. Die Natur darf wild wachsen, Tiere dürfen kommen und gehen. Das Leben auf dem wilden Land ist ein Leben mit den Elementen, ohne Komfort. In dieser Kargheit und Fülle der Natur entstand der »Mermaid und Lilith«-Zyklus, Texte, die bis tief an die Wurzeln ihres Seins gingen. Wie eine Archäologin grub Ute sich tiefer und tiefer ins Fühlen, ins Erinnern, ins Begegnen. Sie ließ sich die Barthaare, die ihr wuchsen, irgendwann stehen. Obwohl sie dafür von vielen Frauen kritisiert wurde, für die Barthaare ein Zeichen männlicher Kraft waren, kümmerte sie sich nicht um die Angriffe, doch auch nicht um Anerkennung. Sie lebte mit Bart. Basta. Auch die bärtige Frau, »bearded woman«, hat eine Tradition, zum Beispiel bei amerikanischen UreinwohnerInnen und in Mexiko. Es ist mutig und bewundernswert, sich weder von Lob noch von Tadel abhängig zu machen.

Frauen ehren

Alle Frauen, die in einem Ritual andere Frauen ehren wollen, bereiten sich vor. Sie denken darüber nach, welche Frauen sie in ihrem Leben genährt, gelehrt, unterstützt, herausgefordert haben. Ich finde es durchaus auch sinnvoll, Gegnerinnen zu ehren, wenn die Gegnerinnenschaft dazu geführt hat, dass ich mich selbst und Frauen im Allgemeinen besser verstehe.

Frauen, die das Ritual feiern, treffen sich entweder im Garten von einer oder irgendwo am Waldrand. Alle bringen Nüsse mit. Für jede Frau eine Nuss. Nun beginnt das Ritual. Jede wirft eine Nuss in die Mitte, sagt, welche Frau damit geehrt wird und warum. Wenn alle geehrt sind, wird Erde auf den Nusshaufen geworfen. Falls daraus einmal ein Nussbaum entsteht, wissen alle Teilnehmerinnen, dass es ein Frauenbaum ist. Dann können in Zukunft Zaubernüsse und Zweiglein geholt werden.

selbstbestimmt leben
krafträuber, kraftquellen

Wir sind archaische Gebilde – gesteuert vom Stammhirn, auf das wir keinen Einfluss haben. Unbewusste Reaktionen und pheromoninduzierte Handlungen bestimmen unser Leben, ohne dass wir auch nur die mindeste Kontrolle darüber hätten oder wüssten, warum wir diese Person wunderbar und jene widerlich finden. Natürlich begründen wir das immer irgendwie, doch die wahren Gründe für die Landkarte unserer Bewegungen liegen im Geheimen. Das limbische System diktiert uns Wohl und Wehe, würde uns einen Weg weisen, der uns gut tut. Doch sind wir eben nicht nur archaisch, sondern auch Menschen des 21. Jahrhunderts. Wir bewegen uns im Internet, benutzen Smartphones, fotografieren digital, ersetzen Organe und Gelenke. Wir ernähren uns von Lebensmitteln, die oft gar nichts mehr mit Nahrung zu tun haben, wir wollen eigentlich Kraftquellen finden und doch umgeben wir uns leidenschaftlich mit Krafträubern. Wir haben so gut wie keine Ahnung, was uns im Lauf der Zeit geformt hat, was an subtilen Manipulationen und Befehlen eingesetzt wurde. Irgendwie fremdgesteuert, halten wir hie und da inne, erschrecken, kommen nicht weiter und

wissen nicht, warum. Noch weniger wissen wir von den uralten Ablagerungen in uns, die noch aus der Anfangszeit der menschlichen Entwicklung stammen. Frauen gebären noch Kinder, doch ist für diese archaische Tätigkeit eigentlich gar kein Platz in der modernen Welt. Wir produzieren noch Schweiß, Körperflüssigkeiten, minimale Körperbehaarung, doch die nachwachsenden Generationen ekeln sich schon davor, rasieren sich alle Haare ab, bearbeiten Körperflüssigkeiten mit chemischen Duft- und Reinigungsstoffen, die dem Körper nicht wirklich guttun und die Poren verkleben.

Tempo und Richtungsweisung unserer Welt werden seit Jahrtausenden von Männern bestimmt. Wir leben in einer von Männern gestalteten Welt – und die ist mal angenehm und mal bedrohlich. Erschwerend für Frauen kam zur Männermacht auch die Männerreligion hinzu: Gott als alles bestimmender Prototyp, der Papst als unfehlbarer Stellvertreter Gottes und der Mann als sein Abbild. Das ist eine fast unlösbare Vorgabe für eine Frau. Zwar wurde im Konzil von Ephesus Maria als Mutter Gottes eingeführt, weil die Frauen sonst nicht auf ihre Göttinnen verzichtet hätten und die Kirche damit keine Zukunft gehabt hätte. Doch in Wahrheit wird seit zweitausend Jahren daran gefeilt und gearbeitet, dass die Frau dem Mann untertan sei. Und seit rund zweitausend Jahren haben Frauen mit dieser zugewiesenen Rolle gerungen und meistens den Kampf um Selbstbestimmung und freies Leben verloren – bis heute.

»Was wärt ihr Frauen ohne Männer?«, fragte Nepomuk Fitz, der Sohn der Kabarettistin Lisa Fitz, seine Mutter.

»Wir wären alle faul, fett und glücklich«, antwortete sie.

Virginia Woolf

Die Schriftstellerin Virginia Woolf wurde in ihrer Jugend von ihrem Stiefbruder sexuell attackiert. Unter diesem Trauma litt sie ihr ganzes Leben. Nun würde man denken, sie hätte sich mit gebotener Vorsicht einer Partnerschaft genähert. Tatsächlich fand sie Leonhard Woolf unattraktiv und sie ekelte sich vor seinem Körper. Trotzdem heiratete sie ihn. In Literaturkreisen wird diese Ehe immer gerühmt, weil er »sie liebte«, obwohl sie eine so komplizierte Frau war

– eine oft geäußerte Begründung, warum Frauen froh sein müssen, überhaupt einen Mann zu finden, denn eine komplizierte Frau hat ja gar kein Recht darauf, geliebt zu werden. Sie muss ja froh sein, dass ein Mann diese Mühsal auf sich nimmt. Und so wurde Herr Woolf zum Traummann, weil er Virginia trotz ihres Kindheitstraumas nahm, ihren Tagesablauf strukturierte, ihre Bücher in der gemeinsam gegründeten Hogarth Press vermarktete und darauf achtete, dass sie genügend Schlaf und Nahrung bekam. Wenn Virginia immer wieder betonte, wie froh sie sei, dass es Leonhard mit ihr aushalte, dass sie selbst so kompliziert sei, dass sie für Leonhard eine Last sei, wird klar, wie unglücklich sie eigentlich war.

Virginia liebte Vita Sackville-West. Sie war gern in ihrer Gesellschaft, lachte viel, wenn sie mit Vita zusammen war, und blühte auf, wenn sie aus der häuslichen Struktur ausbrechen konnte. Wenn man diese Situation also genau betrachtet, sperrte Leonhard seine geliebte Frau, die viele erfolgreiche Bücher produzierte, ein und beschnitt ihren Lebensstil so sehr, dass sie ihre Kraft vollends verlor und ständig Angst hatte, wieder »wahnsinnig« zu werden. Ihre Wahnsinnsattacken kamen von den Angriffen des Stiefbruders und wurden womöglich immer wieder geschürt durch die Macht ihres Mannes über ihr Leben. Kein Wunder, dass sie am Ende in den Fluss Ouse stieg – nachdem Leonhard sie immer wieder einfing, sobald sie spazieren gehen wollte.

Virginia lebte zu einer Zeit, in der Frauen heiraten mussten, wollten sie nicht ins gesellschaftliche Aus fallen. Die Alternative war für viele Frauen jahrhundertelang, Jesus zu heiraten und ins Kloster zu gehen. Auch lesbische Frauen wie Vita heirateten und hielten nach außen ihre Ehe und ihre Männer hoch.

Sylvia Plath

Sylvia Plath hätte besser auch nicht geheiratet. Sie hatte ein sehr abenteuerliches Konzept von Beziehungen zu Männern, sie flirtete heftig, biss Ted Hughes in die Wange und gab sich wild und gefährlich. Dann heiratete sie ihn und bekam zwei Kinder – Ende des Abenteuers. Eine fantasiebegabte, wilde, übermütige Frau versteht das Konzept von Ehe und Mutterschaft nicht wirklich. Da mögen alle Freunde und Bekannten mahnen, die Ehe sei nun mal keine Vergnügungsreise, eine gute Beziehung lebe davon, dass frau sich anpasse und Kompromisse mache usw. oder, wie in Silvia Plaths Fall, Frauen dürften eben nicht so exaltiert, so fordernd, so anspruchsvoll sein – das hilft einer wilden Frau nicht. Auch Sylvia Plath brachte sich um. Die Zeit war noch nicht reif für ein Leben ohne Mann, ohne Partnerschaft.

Jane Bowles

Als Jane Bowles, die geniale Dichterin, den Musiker Paul Bowles kennenlernte, schrieb sie in ihr Tagebuch: »Dieser Mann ist mein Feind.« Kaum zu glauben, dass sie ihn trotzdem heiratete. Ihr Leben endete in einem spanischen Heim für Alte und Irre, das von Nonnen geführt wurde. Die Jüdin Jane konvertierte sogar zum katholischen Glauben, vermutlich um ihre Ruhe vor den Nonnen zu haben, bevor sie ziemlich elend starb.

Zelda Fitzgerald

Zelda Fitzgerald gab sich der Illusion hin, sie könnte ein ebenso wildes Leben genießen wie ihr Mann, nachts Partys, tagsüber Einkaufsrausch in Paris. Sie wusste noch nicht, dass der Knackpunkt im Leben einer Frau die Geburt des ersten Kindes ist. Ende der Feierlaune. Als Zelda begann, ihre eigenen Träume zu finden, aufzuschreiben und zu leben, drehte ihr Mann Scott Fitzgerald durch. Er hatte nämlich schon alle Aufzeichnungen Zeldas in seinen Romanen verarbeitet. Sie starb einsam und verlassen im Irrenhaus und ging damit den Weg vieler begabter Frauen, die so viele Talente in sich trugen und sie einem Mann opferten.

Nicht immer braucht es eine Ehe, um eine Frau aus ihrer Kraft zu drängen. Manchmal reicht schon die eigene Familie, wie der Fall Jane Austen beweist. Bis heute sind ihre Romane Bestseller. Wer hätte nicht »Stolz und Vorurteil« gelesen, den Film gesehen! Jane schrieb Geschichten, die durchaus starke Frauen zeigten, und doch endeten diese selbstbewussten Frauen, denen sie oft sogar

DIE VERNÜNFTIGEN SIND
SELTSAMERWEISE JENE, DIE
DIE WELT ZERSTÖREN, EX-
ISTENZEN VERNICHTEN
DIE MENSCHEN IN DEN TOD
TREIBEN. DIE KINDER DER
INDUSTRIE OPFERN. NOR-
MAL IST SELTSAMERWEISE
WAS WEH TUT WAS TRAURIG
MACHT WAS ZERSTÖRT. DARAN
MUSS MAN SICH GEWÖHNEN
DA MUSS MAN EBEN VER-
NÜNFTIG SEIN UND DAS
AKZEPTIEREN. NORMAL
IST DASS MAN ARBEITET
BIS MAN TOT UMFÄLLT
OHNE BEGEISTERUNG. 5.10.11

einen Beruf zugestand, in den Armen von relativ schwachen Männern. Sie selbst lebte für ihren Beruf, ihre Bücher und musste sich von ihrer Familie vorwerfen lassen, dass sie den Pfarrer nicht geheiratet hatte, nachdem ihr Bruder das Familienvermögen und ihr mit dem Schreiben verdientes Geld verspekuliert hatte. Es ist also durchaus kompliziert, KrafträuberInnen zu entgehen. Schuld ist die Empathie, da hat uns die Natur womöglich eine kleine Fehlkonstruktion eingebaut. Einerseits brauchen wir sie, um unsere schreienden Kleinkinder nicht in einer Mülltonne zu entsorgen oder einfach abzuhauen. Andererseits zwingt sie uns ständig in die Haut anderer, die uns leid tun, denen wir helfen wollen, deren Qualen wir lindern wollen, so lange, bis wir unsere eigenen Qualen nicht mehr beenden können.

Ehemänner nehmen es oft nicht auf die leichte Schulter, wenn ihre Frauen ihren Lebensmittelpunkt anderswo einrichten. Manche toben, werden vielleicht sogar gewalttätig, bringen ihre Frauen um, manche erklären sie für wahnsinnig, manche orientieren sich neu und wählen damit den friedlicheren Weg. Immer noch sehen es viele Ehemänner, mit denen ich gesprochen habe, als ihr Recht an, Forderungen an die Frau zu stellen, offen oder subtil. Zwar gibt es auch Frauen, die Forderungen an ihre Männer stellen, doch wir sehen an all den alleinerziehenden, in die Armut gleitenden Frauen, wie überwiegend erfolglos ihr Bemühen um Unterstützung und finanzielle Mittel ist. Manche Frauen wollen deshalb eben nicht mehr heiraten, bleiben in lockeren Lebensgemeinschaften. Viele wollen auch keine Kinder. Denn Kinder machen Frauen erpressbar. Kinder binden Frauen in Familienverbände ein, in denen sie sich vielleicht unwohl fühlen. Kinder sind in den meisten unglücklichen Verbindungen der Grund, warum Frauen nicht ausbrechen und sich stattdessen im Unglück einrichten.

Deshalb stehen Familie und Partnerschaft ganz oben auf der Liste der Krafträuber. Das heißt nicht, dass eine Familie nicht beglückend, dass Partner nicht liebevoll, zärtlich und wunderbar sein können. Es ist jedoch für Frauen lebenswichtig herauszufinden, welche Rolle Partnerschaft und Familie für sie spielen. Welche Mantren werden immer wieder hergebetet? Vielleicht:

Bilde dir nur nichts ein!

Das schaffst du nie!

Für dich interessiert sich doch niemand!
Du hast Flausen im Kopf!
Du bist doch nur Mittelmaß!
Wenn ich dich nicht geheiratet hätte, hätte dich doch keiner genommen!
Usw.

Das sind Aussagen, die ich von Frauen gehört und zusammengetragen habe. Krasser noch sind die eingeimpften Überzeugungen, die gar nicht mehr verbalisiert werden, die Frauen im vorauseilenden Gehorsam schon vorwegnehmen:
Ich komme doch allein gar nicht durch.
Ich kann ja nichts.
Ich bin froh, dass ich endlich eine Beziehung habe, egal welche.
Ich brauche meinen Mann.
Ohne Mann ist das Leben nicht schön.
Ich will nicht einsam sein.
Ich will nicht so sein wie diese alten Frauen, die sich durch die Straßen schleppen, für die sich niemand mehr interessiert.
Usw.

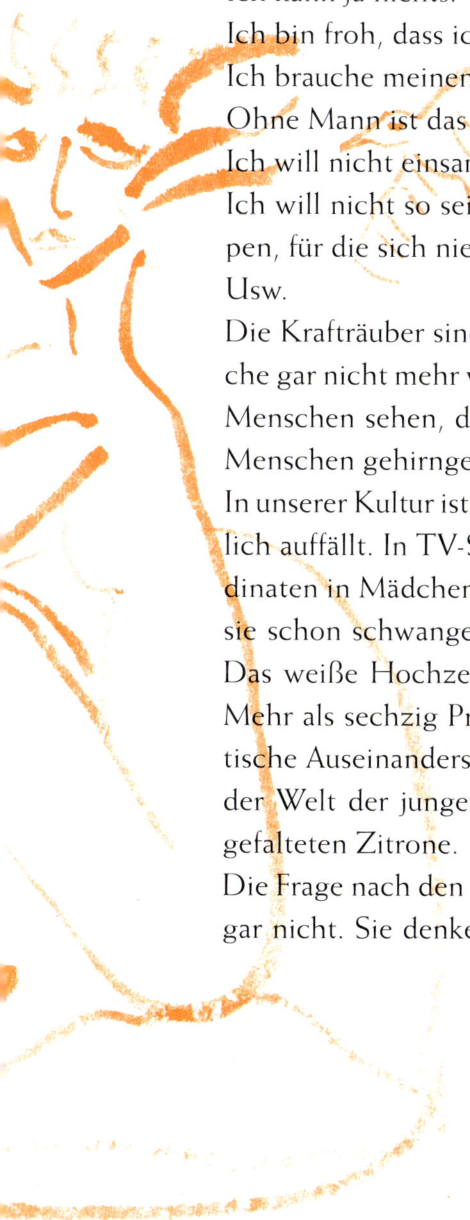

Die Krafträuber sind so erfolgreich im System platziert worden, dass sie als solche gar nicht mehr wahrgenommen werden. Wenn wir in China oder Nordkorea Menschen sehen, die heroische Sätze schmettern, wissen wir sofort, dass diese Menschen gehirngewaschen all das wiederholen, was man ihnen eingebläut hat. In unserer Kultur ist die Gehirnwäsche derart verfeinert, dass sie nicht mehr wirklich auffällt. In TV-Serien wie Heidi Klums Supermodelsuche werden die Koordinaten in Mädchenköpfe gehämmert. Noch ehe eine zur Besinnung kommt, ist sie schon schwanger, ist sie schon verheiratet, weil das alles so romantisch ist. Das weiße Hochzeitskleid! Die Hochzeitsreise! Ja, was ist eigentlich mit der? Mehr als sechzig Prozent der frisch Verheirateten haben hier ihre erste dramatische Auseinandersetzung. Kein Wunder – die Welt der jungen Männer ist von der Welt der jungen Frauen so weit entfernt wie der Zitronenfalter von einer gefalteten Zitrone.

Die Frage nach den Kraftquellen einer Frau stellt sich den meisten jungen Frauen gar nicht. Sie denken noch, die Kraftquelle sei, bewundert zu werden, begehrt

zu sein, schön zu sein, beliebt zu sein. Sie denken, ihr Leben sei erfüllt, wenn sie schwanger werden – total romantisch. Jetzt legt der Mann die Hand auf ihren Bauch, träumt mit ihr, freut sich über das Neugeborene. Ja, das mag schon alles noch gelingen. Man sieht ja viele Männer zärtlich ihre kleinen Kinder hätscheln, sie schieben den Kinderwagen, sie wechseln die Windeln usw. Doch der Augenblick der Wahrheit in der Beziehung zu Kindern wird sichtbar, wenn die ihren eigenen Willen entwickeln, wenn sie unbequem werden, wenn sie Widerstand leisten, wenn sie Produkte einfordern. Wenn sie beginnen, ihre Eltern abzulehnen, sich für sie zu schämen, sie blöd zu finden. Da steigen die meisten Männer aus. Frauen erleben die hilfloseste Zeit ihres Lebens. Kinder rauben ihren Müttern Kraft, das ist in der Natur so angelegt, und wer ein Kind bekommt, muss das wissen. Doch damit ist für Frauen die Zeit des Kraftverlustes nicht vorbei. Kaum sind die Kinder aus dem Haus, werden die Eltern gebrechlich. Zuständig sind, mit wenigen Ausnahmen, jetzt auch wieder die Frauen. Alte Eltern rauben Kraft – das ist schon schwerer hinzunehmen. Kinder sind süß. Alte inkontinente Eltern sind nicht mehr so süß. Es ist also lebensnotwendig herauszufinden, was man überhaupt bereit ist zu tun und wie man es so gestaltet, dass man dabei nicht den letzten Rest Lebenskraft verliert.
All das ist kompliziert und braucht Vorbereitungszeit, erlernte Fähigkeiten, Brainstorming, Bearbeitung. Doch leider bringt uns niemand bei, wie kompliziert die Verhältnisse, die Kommunikation, die Verbandelungen in Familien, in Beziehungen sind. Stattdessen wird uns immer wieder gesagt, wie schön es ist, eine Familie zu haben, wie wichtig, wie unerlässlich. Wie wunderbar die Liebe ist – welche Liebe eigentlich? Die Lebenszeit läuft einfach weiter, läuft aus. Der Kraftverlust wird zunächst gar nicht bemerkt, dann körperlich spürbar, sichtbar, dann bedrohlich. Was jetzt tun?
Notfalls kommt es eben zum Bruch. Die alten Familienverbände sind ja in den meisten Fällen nicht mehr tauglich und auch nicht mehr nötig oder werden nur durch große Opfer der Frauen zusammengehalten. Was nicht mehr hält, kann niemand zusammenhalten, was zusammengehört, bleibt zusammen, auch wenn temporäre Krisen das Gegenteil vermuten lassen.

Wie lebe ich? Eine Bestandsaufnahme

Hier geht es nicht darum, radikale Veränderungen durchzuführen, sondern eine Bestandsaufnahme zu wagen: Wie lebe ich?

Habe ich einen Rückzugsraum?
Wohin gehe ich, wenn mir alles zu viel wird?
Wohin führen mich meine Träume?
Was sind meine Lieblingsfantasien?
Wie weit sind die von meiner Lebenssituation entfernt?
Was beleidigt mich? Wer beleidigt mich?
In welchen Situationen fühle ich mich schwach, ausgelaugt?
Welche Situation/en stärken mich?
Worüber lache ich und wann habe ich zuletzt herzlich gelacht?
Wo habe ich nichts zu lachen?
Wo werde ich gedemütigt?
Wer raubt mir Kraft?
Wer bestärkt mich?
Wenn ich eine Katze wäre – wo würde ich schnurren, wo würde ich fauchen?
In welchen Situationen lüge ich?
Wann manipuliere ich andere?
Was fordere ich von anderen?
Wo bin ich gehässig?
Was regt mich auf?
Wo reagiere ich mich ab?
Aus welchen Gründen halte ich mich bei Personen/in Situationen auf, die mir nicht guttun?

auf dem weg zur wilden kraft
schamanismus, magie und fauler zauber

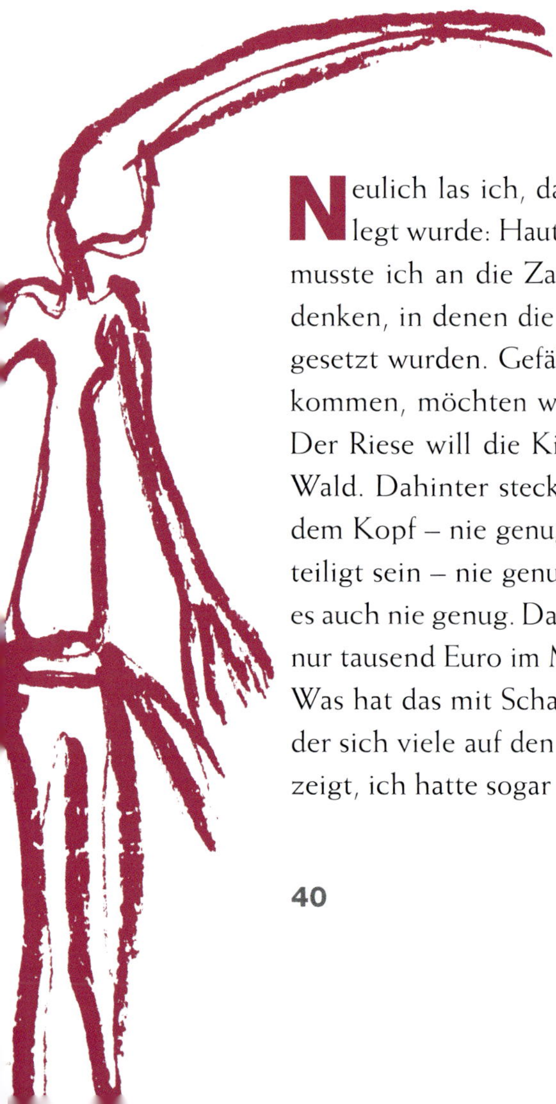

Neulich las ich, dass in der Ukraine eine Art Menschenmaterialdepot angelegt wurde: Haut, Knochen, Muskelfasern, Organe, Faszien, Augen usw. Da musste ich an die Zauberhöhlen mancher russischer oder nordischer Märchen denken, in denen die Teile der Menschen verwahrt und wieder neu zusammengesetzt wurden. Gefährliche Zauberer hüten dieses Material, und wie sie es bekommen, möchten wir gar nicht wissen, weil es uns den Schlaf rauben würde. Der Riese will die Kinder schlachten, die Räuber überfallen die Menschen im Wald. Dahinter steckt: Es ist nie genug. Ich habe zu essen und ein Dach über dem Kopf – nie genug. Jetzt möchte ich auch an den Reichtümern der Erde beteiligt sein – nie genug. Die anderen haben so viel mehr als ich – und denen ist es auch nie genug. Da haben welche Millionen, Milliarden, Billionen und ich hab nur tausend Euro im Monat – nicht genug, nicht genug.
Was hat das mit Schamanismus und Magie zu tun? Es ist die Grundhaltung, mit der sich viele auf den Weg machen. »Okay, da hat sich mir jetzt eine Blume gezeigt, ich hatte sogar das Gefühl, dass sie mit mir kommuniziert. Aber das reicht

mir nicht. Etwas spektakulärer bitte.« – »Aaah, da ist dieser geniale Schamane, warst du schon bei dem? Der ist nur vier Tage da, dann fährt er nach Paris, London, New York. Ja, ganz toll! Wir trinken diese heilige Flüssigkeit, kotzen uns die Seele aus dem Leib und sind dann gereinigt.« Aber es ist nicht genug. Was ist bloß los? Wochenende vorbei, Wirkung verpufft, mein Leben hat sich nicht verändert, mehr, mehr. Der Schamane ist weg. Ich reise ihm nach. Immer auf der Jagd nach dem spektakulären schamanischen Erlebnis.
Kein Wunder, dass es nicht reicht. Sich auszehren und leiden macht nicht wirk-

lich glücklich, oder? Süchtig vielleicht schon. Denn der Körper schüttet bei extremer Bedrohung Dopamine aus. Wenn alles entleert ist, kommt dieses wohlige Gefühl wie vor dem Tod. Das will ich wieder haben. Drei Tage fasten, allein im Wald der eigenen Angst ausgeliefert – wenn ich ein ganz berühmter Schamane, eine weise Frau, ja eine Magierin werden will, dann muss ich das durchhalten! Warum bist du dann nicht glücklich? Was fehlt dir? Warum ist es nie genug? Glaubst du wirklich, du könntest mit pseudomagischen Kunststücken und Illusionszauber deinen inneren Hunger stillen?
Es gab mal einen Manager-Test. Eine große Firma ließ angehende Führungskräfte Fragebogen ausfüllen, schwere Aufgaben erledigen und am Schluss musste sich der angehende Chef auf einen Stuhl stellen und eine Orange auf dem Kopf balancieren. Fast alle machten es. Einer sagte: »Ihr könnt mich mal. Stellt euch doch selbst auf den Stuhl und schreit von mir aus Kikeriki!« Dieser Mann wurde eingestellt. Warum? Er befolgte keine blöden Befehle. Übertragen auf schamani-

sche und magische Seminare heißt das: Wenn du deine Urkraft entdecken willst, gehst du doch nicht dahin, wo jemand deine Lebenskraft bedroht, ja, aussaugt. Es mag spektakulär sein, doch führt es dich, so weit du dir nur vorstellen kannst, von deiner magischen Kraft weg.

Zu diesen scheinbaren Prüfungen für magische oder schamanische Kraft gehört es natürlich auch, Pflanzen und Steine ohne Not zu verarbeiten oder als Heilutensilien zu gebrauchen und Tiere zu funktionalisieren und zu unterwerfen. Also her mit dem schamanischen Kurs. Schamanin in drei Tagen. Ritualleiterin in drei Jahren – gut für die AnbieterInnen, am besten noch jedes Jahr eine Fortbildung, das sichert das Einkommen und Auskommen. Da wird konsumiert, dass es eine Art hat. Alles strömt aus und reißt ab, was sich als Heilpflanze im Buch finden lässt. Es wird getrommelt und gerasselt auf Schamane komm raus, Hauptsache laut und wild.

Was ist denn die wilde Kraft? Ist es nicht das Verlassen der Zivilisation, hinaus in die Natur, Wildnis? Welche Wildnis denn? Wo soll die sein? Gibt es wirklich einen Ort, an dem die Eroberer der weißen Orte auf der Landkarte noch nicht waren? Für sie ist es ja geradezu lebensnotwendig, als Erster irgendwo zu sein. Einmal machten sich ein paar Scherzbolde ans Werk. Sie überredeten Reinhold Messner, eine Gruppe auf den Mont Blanc zu führen. Heimlich hatten sie per Hubschrauber einen kleinen Kiosk auf den Gipfel gebracht und aufgestellt, mit Süßigkeiten, Jagertee, Schnaps und allem drum und dran. Es ist überliefert, dass Messner das nicht lustig fand.

Wildnis ist vielleicht der letzte große Mythos auf dieser Welt, die von Satelliten flächendeckend beobachtet wird. Da lohnt es sich, der wilden Kraft im Inneren nachzuspüren. Die wilde Frau in der Zivilisation? Weg mit der, die stört doch nur. Immer hat sie was zu meckern, sauberes Wasser, reine Luft, gesunde Nahrung will sie für sich und ihre Kinder, ja, sogar für alle Menschen. Wenn sie konsequent genug ist, wollen nicht einmal die nach Neuigkeiten gierenden Medien etwas von ihr wissen.

Die wilde Kraft ist dem Quantensprung ähnlich, der ja kein großer Sprung ist, sondern eine mikroskopisch winzige Veränderung eines Musters. Hier kommen wir der Magie schon näher. Nicht im großen wilden Ritual geschieht die Gestalt-

wandlung (ich gebe zu, dass große wilde Rituale total Spaß machen, ich mache sie selbst gern, sie dienen jedoch mehr dem Wohlbefinden und der Freude). Der Weg in die eigene wilde Kraft ist erstaunlich unspektakulär. Plötzlich entdecke ich, was mich steuert, was meine Gefühle befeuert, was meine Gedanken beherrscht. Ich wandere in meinem Hirn auf und ab, hin und her, rundherum, gleichzeitig bemerke ich die Flüsse in meinem Körper. Hier ordnet sich etwas ein, hier bricht etwas auf, hier kommt etwas in Gang, beginnt zu fließen.
Während ich mein Körperuniversum wahrnehme, öffnet sich alles in mir für die Wesen um mich herum. Die Gerüche, die Wasser, die irgendwo fließen, die Stimmen, die Luft, die mich berührt. Muss ich dazu in der Natur sein? Na ja, ich bin immer in der Natur, immer bei mir und Natur ist überall.

Pflanzen leben für sich selbst, nicht für uns. Es ist nicht für jede Krankheit ein Kraut gewachsen. Ein Kraut wächst für sich, wenn die Pflanze will, kann sie sich mit uns zusammentun und Heilung bewirken, das ist aber ein ganz anderer Prozess, als hinauszugehen, so einmal im Monat, sich kurz mal umzusehen, was wächst hier, was kann ich brauchen, alles abzurupfen und daheim dann zu magischer Medizin zu verarbeiten. Natürlich kann man Pflanzenprodukte herstellen oder kaufen - mit Magie oder Schamanismus hat das jedoch genauso wenig zu tun wie ein aufgeblasenes Ritual, bei dem sich Leute ungemütlich fühlen und irgendwie den Verdacht haben, dass da etwas übergestülpt wird, was nicht passt. Schamanismus, Magie – das sind ungefähr die abgegriffensten Begriffe heute, fast so schlimm wie bio oder öko. Jeder bedient sich, jeder weiß, was das heißt. Was denn eigentlich? Bald wird es bei Aldi oder Edeka magische Kräuter und Zutaten für schamanische Rituale geben, denn die Nachfrage ist wirklich groß.
Eine Frau, die mit ihrer Katze befreundet ist, kann mehr eine Schamanin sein als jene Leute, die Ritualvorschriften genau einhalten, Nahrungsregeln befolgen und irgendwelche Sprüche rezitieren. Du kannst nicht in einem Seminar lernen, Schamane, Schamanin zu werden, egal, welcher berühmte Schamane, welche Zauberin das leitet. Du kannst dich selbst dort erfahren. Du kannst herausfinden, was dir gut tut und was nicht, du kannst sogar etwas mitnehmen, was du vielleicht vorher nicht kanntest, wusstest oder hattest. Doch auf dem Weg

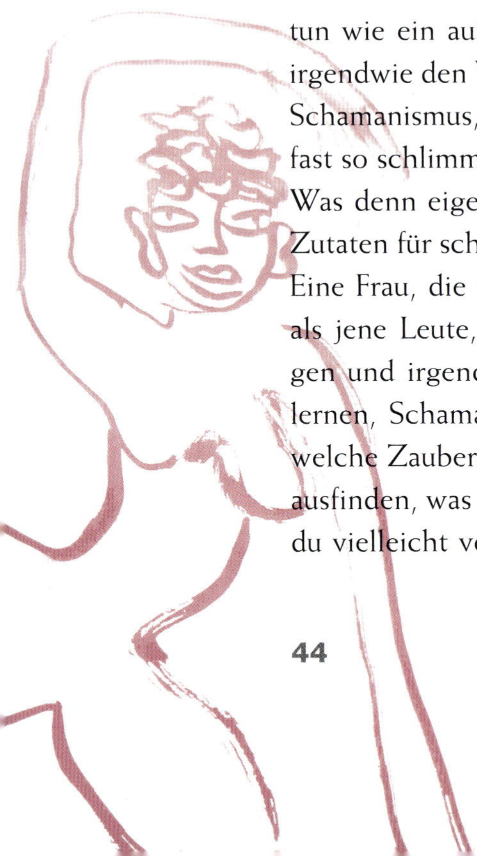

zu deiner wilden Kraft wirst du früher oder später die Konsumhaltung ablegen müssen. Jetzt geht's nicht mehr drum, etwas Wirksames zu kaufen, sondern herauszufinden, was wirkt, wie und warum gerade bei dir und nicht bei dieser oder jener anderen. Da empfiehlt dir eine ein Kraut und du sagst: »Das wirkt bei mir nicht.« Aha. Jetzt haben wir den Beginn des roten Fadens. Nun weißt du, dass es nicht einen Schamanismus für alle gibt, nicht eine Magie, die für alle passt. Das sind Hülsen, die man sich überstülpt wie Faschingsmasken – macht Spaß und das war's. Macht Angst – andere Maske probieren?

Nein, damit hat magische Kraft wirklich nichts zu tun. Doch dann kommt ein Tag, an dem du dir eine Faschings-Schweine-Maske aufsetzt und plötzlich gelingt die Verwandlung. Jetzt fühlst du wie ein Schwein, wirst zum Schwein, aber es ist gar nicht so lustig wie das Faschingstreiben. Es wird existenziell. Jetzt zeigt sich, ob du genug Kraft hast, diese Verwandlung überhaupt durchzustehen. Zweifelst du an deinem Verstand? Gut so, den verlierst du nämlich zeitweise und das ist auch nicht ohne. Da hilft dann auch keine Schwitzhüttenanleitung, kein Elemente-Ritual, da hilft dir nur etwas, was dir deine eigene Natur wieder näherbringt.

Ja wie jetzt – was ist denn Magie? Was ist denn Schamanismus? Vergiss es. Fang einfach bei dir an. Was ist deine eigene Natur? Was bleibt, wenn die Geisterstimmen der Eltern, der Lehrer, der PartnerInnen abgestreift sind? Was ist deins? Was ersehnst du? Das wird immer in deinem Weg sein. Nimm es wahr, sonst kommst du nicht bei dir selbst an. Was nährt dich? Du wirst es brauchen, egal wie peinlich es ist. Was lehrt dich? Ist es der Müllmann, die Hausmeisterin, die Frau an der Supermarktkasse? Ja, da sitzen auch Schamaninnen, doch welche tolle Person auf ihrem Initiationsweg wird die wahrnehmen? Zu gering. Zu normal.

Achte auf Worte, die dich umgeben, und auf deine eigenen Worte. Worte bilden Mantren. Mantren bilden Wirklichkeit. Was du brauchst, kannst du rufen, was du rufst, kommt. Doch was rufst du? Wie rufst du? Ist es nie genug? Wenn du aus der Falle rollen willst, musst du aus der Rolle fallen.

Masken anfertigen

Frauen treffen sich zum Masken Anfertigen. Die Masken können aus Gips sein (Vorsicht! Bevor die Gipsbinde aus der Apotheke auf das Gesicht aufgetragen wird, die Haut dick mit Creme bedecken, sonst geht der Gips nachher nicht mehr ab) oder aus geflochtenen Materialien oder aus Papier/Pappe. Jede dekoriert, bemalt und schmückt die Maske, wie sie will. Wenn alle fertig sind, kann es einen Maskentanz geben, vielleicht um ein Feuer!

in die tiefen räume des körpers sinken

die entdeckung der langsamkeit

Das Leben ist eine einzige Beschleunigung. Wenn wir noch ganz klein sind, haben wir Lust, die Welt in allen Details zu entdecken. Wir schauen in kleine Ritzen, in hohle Nussschalen, in Baumlöcher, wir berühren die Erde und alles, was am Boden liegt; wir nehmen alles in den Mund und probieren es aus. Dann wird's ernst. Komm schon, wir haben nicht so viel Zeit. Ich kann nicht den ganzen Tag hier stehen.

Mit dem Verlust der Langsamkeit beginnt die Gewalt. Wer keine Zeit hat, bemerkt gar nicht mehr, wie die fremden Befehle ins eigene Leben eingreifen. Wie die Sklavenmühle funktioniert. Schnell, schnell. Sonst. Ja, was eigentlich?

Wer aus dem rasant funktionierenden, gut geschmierten, gnadenlosen Markt herausfällt – und das sind überwiegend Frauen, aus den unterschiedlichsten Gründen – kann jedoch eine interessante Entdeckung machen: Es geht um nichts mehr, das Turboleben verlangsamt sich, plötzlich erweitert sich das Blickfeld wieder. Die Sinne wachen wieder auf, man kommt zur Ruhe und das Bewusstsein sinkt endlich einmal in die tiefen Räume des Körpers.

Wie fühlen sich meine Füße an? Wie ist der Raum in den Knien? Was machen eigentlich die Quadrizepsmuskeln, die stärksten im Körper? Was signalisiert mir meine Wirbelsäule? Welche Botschaften gehen von den Nervensträngen im Wirbelkanal aus? Wie fühlen sich meine Schultern an? Was ist das für eine Energie in

den Handflächen, in den Fingerspitzen? Wie fühlt sich mein Nacken an? Meine Kopfhaut? Was machen die Muskeln in meinem Gesicht? Wie atme ich? Wie fühlt sich der Bauchraum mit allen Organen an? Für die Entdeckung der eigenen Kraft, des Körpers, der vielfältigen Empfindungen braucht es Zeit und Gelassenheit. Letztere fehlt oft, wenn der existenzielle Druck zu stark wird.

Die Entdeckung der Langsamkeit ist deshalb z. B. gerade im Alter geradezu lustvoll. Wenn ich einmal aus dem allgemeinen Getümmel aussortiert werde, vielleicht frühzeitig in Rente gehe, beginnt der interessanteste Lebensabschnitt – wenn eine ihn zu nehmen weiß. Wer immer rückwärts schaut auf das, was verloren ist, die Aktivitäten, das Gebrauchtwerden, die Bedeutung, die eine Arbeit geben mag, fühlt sich im Alter wertlos. Doch viele Frauen entdecken im Alter neue, ungeahnte Kräfte: das differenzierte Fühlen, das genaue Sehen und Hören (notfalls mit Sehhilfe und Hörgerät), das genussvolle Schmecken und Riechen. Und vor allem den neuen Raum jenseits von Zeitplänen. Das Glück im Augenblick. Wer sich einmal niedergelassen hat, um einen Atemzug in voller Länge zu erspüren, weiß, wie lustvoll das ist. Atmen können natürlich alle. Wir tun es die ganze Zeit, ohne nachzudenken. Doch den Atem wahrnehmen, ihn bewusst in den Körper einfließen lassen, dorthin lenken, wo wir Kraft brauchen, das ist eine Abenteuerreise, die Zeit, Konzentration und Ungestörtheit erfordert.

Was braucht eine Frau, um aufzublühen? Sind nicht viele Frauen schon in der Knochenmühle verschlissen worden, schon vor dem Blühen verwelkt? Zu viel am Hals, zu effektiv gearbeitet, zu kraftraubend gelebt – jetzt ist fürs Alter nichts mehr übrig als die Mikroaufmerksamkeit des Arztes. Soweit muss es nicht kommen. Das Leben auf der Überholspur oder eingespannt in den Familienkarren macht Frauen krank. Die Heiterkeit braucht die Langsamkeit. Wer erst einmal entdeckt hat, wie viel Zeit nötig ist, um all das zu entdecken, was uns zum Lachen bringt, drosselt das Tempo. So schnell kann niemand lachen, wie das Komische ins Drama umkippt. Der Komiker Nils Heinrich hat es auf den Punkt gebracht: Selbst die Schnecke hat es mit Beharrlichkeit in die Arche Noah geschafft. Und nicht vergessen: Die Arche wurde von Amateuren gebaut, die Titanic von Profis. Wer langsam wird, lernt beobachten. Wie bewegen sich Menschen, welche Probleme haben sie, die am Körper, an ihrem Verhalten sichtbar werden? Wie lange dauert es, bis ein Tier erscheint, nachdem man sich still niedergelassen hat? Wie reagieren Vögel?

Es ist, als ob eine neue Welt in der bekannten auftaucht, eine, für die nie Zeit war, weil es so viele wichtige Dinge zu tun gab. Doch lohnt es sich, diese wichtigen Dinge genauer zu betrachten. Gut, wenn eine nicht wartet, bis sie alt ist, um das Leben zu entschleunigen und so intensiver zu leben.

Das Bekannte neu wahrnehmen

Geh einen Weg, den du schon sehr oft gegangen bist, sehr langsam und achte auf alles, was dir auf diesem Weg auffällt, Menschen, Pflanzen, Tiere, Häuser, Läden – einfach auf alles. Wenn du wieder zu Hause bist, gehst du diesen Weg, entspannt liegend, mit einer Decke zugedeckt, noch einmal. Nimm wahr, was du gesehen hast, was dir aufgefallen ist, vielleicht im Gegensatz zu früher.

im gewebe familiärer strukturen
großmutter, mutter, tochter

Es ist eine feministische, schöne Utopie: Alle Frauen werden Schwestern, unterstützen sich gegenseitig, helfen einander, ihre Fähigkeiten auszuleben und in entsprechenden Jobs anzuwenden und damit – ja, auch – ordentlich Geld zu verdienen. Mütter lehren ihre Töchter und die Töchter finden ihre Mütter wunderbar.

Die Realität sieht leider etwas anders aus. Mütter und Töchter bekämpfen einander oft, Töchter sehen Mütter nicht selten als lästige, aber nährende Basis ihres Lebens und sowieso verstehen Mütter gar nichts.

Muttersein ist ein undankbarer Job. Unbezahlt noch dazu. Geht alles gut, wird es als selbstverständlich hingenommen. Geht mit den Kindern etwas schief, ist immer die Mutter dran schuld. Wenige fragen danach, ob der Vater ein guter Vater ist/war. Die Bergsteigerin Alison Hargreaves wurde von einem Interviewer im Basislager des K2 gefragt, was ihre Kinder denn in ihrer Abwesenheit machten. Sie fragte zurück: »Und Ihre Kinder?«

Selbst wenn Väter voll einsteigen wollen und ihre Kinder herzlich lieben, wird

es ihnen nicht gerade leicht gemacht. Eine englische Bank verteilte unter den Topmanagern einen Fragebogen, der sich im Wesentlichen darum drehte, wer gerne Vaterschaftsurlaub nehmen oder bei seinen Kindern zu Hause bleiben würde, wenn sie krank würden. Allen, die das wollten, wurde gekündigt.
Eine Mutter kann es niemandem recht machen. Ist sie zärtlich und empathisch, dann wird sie als Glucke verspottet. Wahrt sie Distanz, ist sie eiskalt. Zieht sie los und amüsiert sich, ist sie eine Rabenmutter, bleibt sie immer bei den Kindern, dann ist sie überprotektiv.
Eine Tochter findet es peinlich, wenn die Mutter sie von der Schule abholt, eine andere findet die Kleidung ihrer Mutter unterirdisch. Meine Tochter fand schlimm, dass die Münchner Abendzeitung, für die ich in den Achtzigerjahren eine Serie über Magie schrieb, ihre Zeitungskästen mit einem Plakat ausstattete, das mein Bild mit der Unterschrift »Die Hexe vom Starnberger See« zeigte. Ich

verstehe das schon, die Mutter soll nicht die »einzig ernst zu nehmende Magierin Deutschlands sein«, sie soll einfach eine Mutter sein wie alle anderen auch, nicht auffallen, sondern unauffällig funktionieren.
Wir leben nicht in der vollkommenen Welt, in der die Mutter bewundertes Vorbild der Tochter ist. Oft ist die Beziehung zwischen Müttern und Töchtern ja sehr innig und dann wird sie plötzlich schwierig. Da braucht es Geduld auf beiden Seiten. Wie oft hört man Töchter die Mütter beschimpfen, wie oft sieht man in der Bahn, im Bus, in öffentlichen Räumen Töchter, die sich von ihren Müttern abwenden, die Mütter, hilflos, reden auf die Töchter ein, entschuldigen sich, versuchen, die Situation zu entschärfen, versuchen, es gut zu machen, machen es nur schlechter. Natürlich kapieren Mütter gar nichts. Denn die Töchter sind ja die Durchblickerinnen. Kaum auf der Welt, wissen sie schon, wie alles läuft. Werden sie älter, machen sie eigene Erfahrungen und es kommen ihnen Zweifel. Jetzt wird die Mutter wieder etwas erträglicher, denn manchmal redet sie gar nicht so einen Schwachsinn, wie die Töchter oft glauben.

Doch es ist natürlich so: Wir beobachten, wie wir unseren Müttern immer ähnlicher werden, und hassen uns, hassen die Mutter manchmal dafür. Kommen die Mütter in die Menopause, wird es kritisch. Denn das ist eine Zeit, in der alles unerträglich wird, was nicht stimmt. Erlittene Demütigung wird jetzt bekämpft, es wird gestritten, geweint – für Töchter eine Qual. Wie souverän ist da doch der Papa und: »Mama, die Freundin vom Papa ist wirklich sehr nett.« Da freut sich die Mama gern mit! Meine Tochter schenkte mir mal eine Postkarte, über die ich heute noch lachen muss. Sie zeigt die Zeichnung einer Frau, die ins Kinderzimmer stürzt, wo der etwas depressive Papa mit den Kleinkindern spielt. Die Frau ruft: »Dietmar, Kinder, ich hab mich verliebt!«
Eine mittelalte Frau, die schwitzt, die leidet, meine Güte, so will doch keine Tochter werden. Dennoch fürchtet sie die Zeit, wenn sie selbst so weit ist, wenn mit ihr geschieht, was gerade mit der Mutter geschieht. Alt werden – der Horror! Da ist das Leben dann wohl vorbei! Niemand interessiert sich für eine alte Frau! Wie soll eine Tochter da werden wollen wie eine Mutter?

Meine Mutter hatte immerhin die originelle Art, Sprüche zu sagen, die ich gern nachsage: »Wer hinter meinem Rücken redet, redet mit meinem Hintern« zum Beispiel. Doch ihre Eigenart, sich ständig zu räuspern, ihre schlechten Zähne, ihre schwachen Knochen – ich wäre wirklich glücklich gewesen, wenn ich das nicht von ihr geerbt hätte. Leider können wir uns nicht aussuchen, was wir erben, was sich in uns festsetzt. Wir können nur immer wieder bewusst auf die Situation eingehen und sie entschärfen, Angewohnheiten überprüfen und behutsam abbauen.

Töchter sind gern überkritisch, ohne sich bewusst zu machen, wie viele Fehler, wie viele problematische Angewohnheiten sie selbst haben. Die Lebensgewohnheiten der Mutter sind gefährlich nah an denen der Tochter, verständlich, dass Töchter Distanz brauchen. Manche suchen jedoch nicht die Distanz, sondern wollen die Reibung. Das kann sehr nervenaufreibend für beide werden.

»Wie geht eine weise Frau mit ihrer Tochter um?«, wurde ich einmal gefragt. Ich habe keine Ahnung. Doch ist mir klar, dass das Verhältnis der Tochter zur Großmutter eindeutig entspannter ist. Von der Großmutter wird nichts erwartet, sie darf sich alle möglichen peinlichen Schnitzer leisten, sie ist ja nur die Oma. Von Omas

erwartet man nichts anderes. Man findet ihre seltsamen Angewohnheiten vielleicht sogar witzig.

Als Frau, die zwischen einer Mutter und einer Tochter lebt, wird mir die Natur weiblicher familiärer Beziehungen immer wieder sehr deutlich. Die Mutter sieht sich in der Jugend der Tochter wieder, die Tochter sieht im Alter der Mutter, was auf sie zukommt – da braucht es Weisheit, Verständnis, Geduld und Liebe, um den Wert dieser Ahninnenlinie genießen zu können. Die Nähe ist manchmal wunderbar und manchmal einfach zu intensiv. Ich liebe meine Tochter und die gelegentliche emotionale Entfernung ist schmerzhaft. Doch ich weiß, dass wir da durchmüssen. Wir müssen unser Leben auf unsere Weise leben, nicht auf die, die uns von Mutter oder Tochter empfohlen wird.

Eine Frau, die ihre eigene werden will, muss sich von der Mutter absetzen. Das geht nicht ohne Reibung, egal in welcher Kultur. Womöglich war das auch in matriarchalischen Gesellschaften so. Doch je stärker eine Frau ihren eigenen Weg geht, desto unproblematischer ist die Verbindung zur Mutter. Mag sein, dass die Kinder, die Töchter »früher« mehr Respekt vor den Eltern hatten – ich glaube, sie hatten einfach mehr Angst. Die meisten hätten vor hundert oder vor zweihundert Jahren doch gar nicht gewagt, den Eltern zu widersprechen, das muss man nicht idealisieren, das ist ja im Grunde traurig.

Meine Mutter hat immer gearbeitet, das heißt, sie hatte sehr wenig Zeit für uns. Doch wenn sie mit uns zusammen war, war sie sehr liebevoll. Das halte ich für ideal. Eine Mutter, die wegen ihrer Kinder zu Hause bleibt, die sich womöglich von einem ungeliebten, gewaltbereiten oder einfach lieblosen Mann »wegen der Kinder« nicht trennt, wird zum echten Problem für Kinder. Sie spüren ja, dass nichts stimmt, dass die Mutter unglücklich ist. Ich bin davon überzeugt, dass eher eine glückliche Mutter glückliche Kinder, glückliche Töchter haben wird.

Die Voraussetzung, dass sich in der Menschengesellschaft etwas Grundlegendes verändert, sind Großmütter, Mütter, Töchter, Schwiegermütter, Schwiegertöchter, Enkelinnen, die füreinander Verständnis, Geduld, Zuneigung, Solidarität aufbringen und einander beistehen.

Übergangsrituale

Viele Mütter, die ihren Alltag spirituell leben, möchten für ihre Töchter gern ein Übertrittsritual ins Erwachsenenleben, wenn die Töchter die erste Menstruation haben. Die Töchter finden das meist sehr indiskret und haben oft überhaupt keine Lust, so ein Ritual zu feiern. Ihre Mütter würden sich vielleicht auch bedanken, wenn sie von den Großmüttern zu einem Initiationsritual ins Alter gebeten würden. Und doch sind solche Rituale wunderbar, wenn sie gewünscht und mit großer Lust gefeiert werden können. Im Sinne der weisen Frau gibt es für mich nur eine Erkenntnis, die gilt: Jede Frau, egal wie alt, entscheidet selbst, welche Rituale sie feiern will und welche nicht, aus welchen sie schreiend herausläuft, welche ihr wohlige Kraft vermitteln. Eine Frau, die keine Rituale feiert, kann durchaus weise sein.
Besonders Töchter, die nicht getauft wurden, finden es ungerecht, dass die katholischen Kinder zur Erstkommunion oder die evangelischen zur Konfirmation ein Kleid, eine Uhr, ein Smartphone bekommen. Deshalb ist es keine schlechte Idee, die Feier der ersten Menstruation auch für ein Geschenk zu nutzen. Jetzt ist die Tochter quasi erwachsen, daran soll sie immer mit Freude denken können und nicht mit der düsteren Ahnung: Jetzt hast du »es« auch. Jetzt kann dir einer ein Kind machen! Pass bloß auf. Ein Fest kann sehr spirituell, aber auch sehr bodenständig sein. Immer sollte es mit der Tochter besprochen und geplant werden. Sie soll selbst entscheiden, wen sie dazu einladen will und welches Ritual stattfinden soll.

Ritual der ersten Menstruation: der rote Faden

Alle, die an diesem Ritual teilnehmen, bilden einen Kreis. Ein großes Knäuel roter Wolle geht im Kreis herum, jede Person sagt einen Wunsch oder eine schöne Kraft, z. B. Freude, Glück, Erfolg, oder auch: Ich wünsche dir schöne Begegnungen, gute Gespräche usw.

Wenn alle etwas in die rote Wolle hineingesprochen haben, wird der Wollkreis getrennt. Jede teilnehmende Person schneidet den Faden rechts ab, gibt die Schere weiter, bis der Kreis gelöst ist. Die Tochter bekommt die Wunschfäden überreicht und kann sie zu einem Zopf flechten.
Es kann auch ein rotes Essen gekocht werden (z. B. Spaghetti Napoli, Rote-Beete-Salat, Rote Grütze).

Wechselzeit-Ritual

Wenn eine Frau nicht mehr menstruiert, kann sie mit Freundinnen ein Abschiedsritual feiern und zugleich den Beginn der Zeit, in der sie nicht mehr nützlich sein will/muss.
Das Ritual sollte von einer Frau organisiert werden, die schon älter oder alt ist. Eine Frau, die weiß, wie es sich anfühlt, nicht mehr zu menstruieren, aus der Fruchtbarkeit verabschiedet zu sein.

Wieder wird das Ritual mit der Frau besprochen, die in den Kreis der weisen Alten aufgenommen werden will. Sie bestimmt, wer eingeladen wird, sie sagt, was sie gern mag und was nicht.

Initiation in die Zeit der Weisen Alten

Die Teilnehmerinnen bilden einen Kreis. Die Frau, um die es geht, steht oder liegt in der Mitte. Die Frauen im Kreis summen oder singen, trommeln, stampfen, rasseln – je nachdem, was sich eine eben wünscht.
Dann geht eine nach der anderen zu der Frau in der Mitte und gibt ihr eine Kraft oder einen Wunsch.
Wenn alle etwas gesagt und gewünscht haben, bilden die Frauen einen Geburtskanal – immer zwei Frauen stehen sich gegenüber, daneben die nächsten zwei usw. Die Frau in der Mitte steht auf und schlüpft durch den Geburtskanal. Sie wird von einer »Hebamme« empfangen.

gemeinsam stark sein
freundinnen

Eine Frau kann ohne Mann und ohne Beziehung durchaus glücklich werden, doch niemals ohne Freundinnen. »Männer kommen und gehen«, sagte meine Mutter, »eine Freundin bleibt fürs Leben.«
Mein Verhältnis zu Freundinnen ist geprägt von zwei Situationen meiner Kindheit. Da war Tante Miggi, die beste Freundin meiner Mutter. Als sich meine Mutter von meinem gewalttätigen Vater scheiden ließ, war Miggi ihre größte Unterstützerin. Meine Mutter arbeitete, doch waren wir unbeschreiblich arm, zumindest, was das Materielle betraf. Am 20. jeden Monats saß meine Mutter nach der Arbeit da und weinte, weil kein Geld mehr übrig war. Miggi half ihr bis zum ersten. Sie backte am Wochenende einen Kuchen mit acht Eiern, auf den uns regelmäßig schlecht wurde; diese Üppigkeit konnten wir gar nicht verarbeiten. Tante Miggi war nicht verheiratet und lebte mit ihrer Mutter in einem kleinen Häuschen. Bei ihr zu sein war einfach göttlich. Auf ihrem Kanapee zu liegen und Radio zu hören brachte alle Probleme wieder ins Lot, während die Frauen Kaffee tranken und ratschten.

Lange Zeit telefonierte meine über neunzigjährig Mutter jeden Tag mit der gleichaltrigen Miggi. Obwohl sie in den letzten Lebensjahren langsam ihr Gedächtnis verlor, Sätze ständig wiederholte, sich nicht mehr an Menschen erinnerte und aus Raum und Zeit gefallen war – die Nummer meiner Mutter wusste sie noch immer. Der Rest ihrer Erinnerung hatte sich an ihre beste Freundin angehaftet, und sie zog daraus Freude.

Und es gab unsere Freundin Traudchen, sie war das Beste, was meiner Schwester und mir passierte, als ich vier und meine Schwester fünf war. Am Tag der Ankunft der Apothekersfamilie im Haus nebenan nahm mich meine Schwester an der Hand, wir gingen hinüber und sie zog mich durch das ganze Haus. Wir sprachen kein Wort und wurden auch nicht aufgehalten. Seit diesem Tag ist Traudchen unsere Freundin. Wir standen uns gegenseitig bei allen Krisen der Kindheit bei, verloren uns etwas aus den Augen, als wir erwachsen waren, und nähern uns heute wieder einander mit einem anderen Blick auf unser Leben an.

Als ich meine Tochter bekam, wusste ich, dass ich zum Wohl meiner Tochter und auch zu meinem eigenen nicht etwa einen Mann brauchte, ich brauchte Freundinnen. Ich lebte in Frauenwohngemeinschaften, in denen wir uns gegenseitig unterstützten – Erziehungsprinzipien wurden dann eben über Bord geworfen, wenn es unterschiedliche Auffassungen gab, wie die Kinder aufwachsen sollten. Es hat den Kindern nicht geschadet und uns Frauen hat es vor dem Kollaps bewahrt.

Die wenigen Frauen, die von ihren Freundinnen hintergangen werden, können nicht darüber hinwegtäuschen, dass die Freundin ganz allgemein die wichtigste Person im Leben einer Frau ist. Die Medien stürzen sich gern auf Verratsgeschichten. Das mag auch damit zusammenhängen, dass diese Berichte Frauen spalten und ihnen klarmachen sollen: Fühle dich nur nicht zu sicher, auf Frauen ist kein Verlass. Von den vielen Frauen, die ihren Freundinnen helfen, die ihre Freundinnen aufnehmen, ihnen zuhören und sie bestärken, ist in der Presse eher weniger zu lesen. Und doch ist genau das die Basis eines beglückenden Frauenlebens: die Freundin, mit der dann auch lieber gelacht als geweint wird. Als die Geldverleiherin und erste Bankerin Adele Spitzeder ins Gefängnis kam, weil sie das einbezahlte Geld nicht mehr auszahlen konnte, wurde sie von ihrer Freundin wieder befreit. Die beiden Frauen lebten fortan zwar nicht reich, doch glücklich zusammen. Auch Coco Chanel blieb ein Leben lang ihrer Jugendfreundin treu. Diese arbeitete bei ihr im Atelier, half ihr aus vielen schweren Lebenskrisen und stand ihr bei, wenn sie in Schwierigkeiten war. Als Coco Chanel Erfolg hatte und zur legendären Modemacherin wurde, blieb sie im Hintergrund – und freute sich.

Freundinnenreise

Mit einer Freundin eine Reise ohne Kinder, ohne Männer ohne Reisezweck planen und durchführen.
Die Familien überleben das. Tatsache ist ja, dass Familien ohne die Mama oft bestens, wenn nicht sogar besser auskommen. Das könnte für eine Frau durchaus der Beginn eines selbstbestimmten Lebens werden.

mit mut und fantasie
der geist der frauenbewegung

Wenn heute Eve Ensler ihre »Vagina-Monologe» veröffentlicht, englische, sogar pakistanische und auch deutschsprachige Theater ihr Stück spielen, ist das nicht mehr so selbstverständlich wie in der Zeit der sogenannten neuen Frauenbewegung in den Siebziger-, Achtzigerjahren. Die erste Frauenbewegung, der erste Kampf um Gleichstellung und Rechte der Frauen, begann im 19. Jahrhundert mit den Suffragetten (dass mir der Rechner jedes Mal abstürzt, wenn ich »Suffragetten« eingebe, könnte natürlich Zufall sein). Frauen arbeiteten in Redaktionen und öffentlichen Einrichtungen, was einer Revolution gleichkam. Man hatte vollkommen vergessen, dass im frühen Mittelalter Frauen eine wesentliche Rolle in der Gesellschaft spielten, sie waren Fürstinnen, Landeignerinnen, sie hatten Handwerksgilden, lebten zusammen in Beginenhäusern, weil sie nicht ins Kloster gehen wollten. Adelheid wurde sogar Kaiserin, wie später auch Maria Theresia.

Mit der Inquisition wurden die Macht und vor allem auch die Eigenmacht der Frauen gebrochen. Denunziert, diffamiert, gesellschaftlich ausgegrenzt und

schließlich umgebracht – die Kirche leistete ganze Arbeit. Doch gelang die Vernichtung der freien Frauen nicht wirklich. Denn die Kraft, mit der jede Frau geboren wird, lässt sich nicht für immer deckeln oder ausrotten. Louise Otto-Peters sagte 1843: »Die Teilnahme der Frau an den Interessen des Staates ist nicht ein Recht, sondern eine Pflicht.« Damit umriss sie den Raum, in dem Frauen völlig selbstverständlich stehen, nicht geduldet, nicht großzügig entlohnt, sondern in der Pflicht mitzugestalten.

Ende des 19. Jahrhunderts gründete Millicent Fawcett die Bewegung der Suffragetten, die für das Wahlrecht der Frauen kämpften und sehr bald auch für die gesellschaftliche Gleichstellung der Frauen. Fawcett glaubte an friedlichen, gewaltfreien Widerstand, der sich in der englischen Frauenbewegung auch bis zum Kampf gegen die Pershing-II-Stationierung in Greenham Common hielt. Wir wurden in kleinen Gruppen von zehn Frauen trainiert: Acht Frauen leisteten passiven Widerstand in einer Sitzblockade, eine Frau war für Nahrung und Getränke zuständig, eine war die Beobachterin, ließ sich Name und Dienstnummer des Polizisten geben, der womöglich eine Frau grob behandelte. Dieser gewaltlose Widerstand von Tausenden von Frauen führte dazu, dass der Pershing-Standort aufgegeben, die Pershing-Raketen schließlich verschrottet wurden.

In dieser Widerstandsaktion waren auch spirituelle Aktionen wichtig. Wir woben Wollfäden um die Eingangstore, die von genervten Soldaten, zu unserem Entzücken, wütend aufgeschnitten wurden. Einmal knöpfte einer seine Hose auf und präsentierte sein Geschlechtsteil. »Looks like a penis, only smaller«, kommentierte eine Freundin.

Einige der führenden Philosophinnen der Frauenbewegung waren die zu Beginn des 19. Jahrhunderts geborene Susan B. Anthony, die von spirituellen Frauen um Z Budapest später mit einem Coven geehrt wurde. Susan B. Anthony war die erste Frau, die an einer Präsidentschaftswahl teilnahm und »Napoleon der Frauenbewegung« genannt wurde, ebenso wie Ende des 19. Jahrhunderts die Anarchistin und Mitbegründerin der amerikanischen Friedensbewegung Emma Goldman, und in Deutschland Clara Zetkin.

Die neue Frauenbewegung wollte nicht nur Gleichheit, Gleichberechtigung

oder faire Behandlung. Sie stellte alle Werte in Frage. Der Mütterkult der Nazis wurde weggefegt. Die Fünfzigerjahre mit ihrem düsteren Familienmief, mit der nie aufgearbeiteten Schuld und Depression wurden buchstäblich gesprengt. Alles wurde sichtbar: Die Frauen, die Deutschland mit ihren Händen aus dem Kriegsschutt wieder aufgebaut hatten, die Männer, die als Helden in den Krieg gezogen und als Verlierer zurückgekehrt waren, die Nazis, die überall in den öffentlichen Ämtern in Schulen, Gerichten, Behörden saßen. »Unter den Talaren der Mief von tausend Jahren« skandierten wir in Demonstrationszügen. Doch die Überraschung war: Auch die »Genossen« entpuppten sich als frauenfeindlich und patriarchalisch. Wir Frauen formulierten die Flugblätter, machten bis spät nachts Kaffee, kochten das Essen. Sie schnappten sich die hübschesten Frauen, machten ihnen Kinder, verließen sie. Es war Zeit, auch das letzte Tabu zu brechen – keine Macht den Kerlen.
Ich hatte einen italienischen Freund und organisierte mit Franca Rame und Dacia Maraini die erste Frauendemonstration in Rom. Wir zogen durch die Straßen von Trastevere, doch nicht die Polizei hielt uns auf: Es waren unsere Freunde, unsere Genossen. Es gibt wohl für einen Mann, der sich immer noch in seinen Privilegien suhlt, nichts Bedrohlicheres als freche Frauen, die dankend auf ihn verzichten, sich vom Mann, von der Ehe, von der klassischen Familie, von Verführung und Unterwerfung abwenden und sich mit Frauen verbünden. Die sich nicht mehr mit Romantizismus, Sentimentalität und Liebeslügen einsülzen lassen. »Wir sind Frauen, wir sind viele, wir haben die Schnauze voll», riefen wir. Widerstand war lustvoll. Wir genossen die neue gemeinsame Freiheit.
Wir waren im Aufbruch, alles sollte sich verändern – die Liebesbeziehungen, die Sexualität, die Lebensformen, die Gesellschaft, der Markt, einfach alles. Wir gingen für unsere Rechte auf die Straße, erkämpften das Recht über den eigenen Körper, Gesetze gegen familiäre Gewalt, Gesetze für die Gleichheit zwischen Frauen und Männern, die, was gern vergessen wird, im Grundgesetz festgelegt ist. Doch mussten wir auch die erstaunliche Erfahrung machen, dass als VerfassungsfeindIn gilt, wer sich aufs Grundgesetz beruft.
Es ist das Verdienst von Alice Schwarzer, dass feministische Theorien es in die Presse, ins Fernsehen schafften. Doch was heute gar nicht mehr gesehen wird:

Feminismus, das war nicht Alice Schwarzer, das waren Zigtausende von Frauen, die überall dort, wo sie lebten, Veränderungen bewirkten und immer noch bewirken, die einander stärkten, nicht weil sie sich so liebten oder die besseren Menschen waren, sondern weil die tiefgreifende Veränderung für Frauen lebensnotwendig war (und ist).
Feminismus wurde unpopulär, unmodern und existierte eine Zeitlang scheinbar nur noch in der Zeitschrift »Emma«. Fast alle Einrichtungen, die Frauen erkämpft und aufgebaut hatten, verschwanden nach und nach – Frauenkulturzentren, Frauenzentren, Frauenbuchläden. Fast war es plötzlich peinlich, sich dorthin zu begeben, wo noch für Frauenrechte, für Frauenkultur gearbeitet, gekämpft, gelebt wurde. Frauen waren jetzt mit dem Wort »nur« verheiratet. »Sind da nur Frauen? Da mag ich nicht hingehen.«
Dann wandelte sich der Feminismus und wurde wieder salonfähig – als High-Heel-Feminismus. Frauen machen jetzt, was sie wollen. Sagen sie. Doch ist ihnen nicht immer klar, wo das herkommt, was sie wollen. Völlig klar ist dagegen: Junge Frauen wollen nicht als verzopfte alte Frauenrechtlerinnen ausgegrenzt werden. Das wollten wir auch nicht. Wir wollten wild und gefährlich, kreativ und übermütig, spirituell und grenzenlos leidenschaftlich sein. Waren es. Sind es noch heute. Künstlerinnen wie Judy Chicago, Mary Beth Edelson, Nancy Spero, Ulrike Rosenbach, Pipilotti Rist oder Rosemarie Trockel veränderten das Bild der anerkannten, weitgehend von Männern hergestellten Kunst, griffen Frauenthemen und Frauentätigkeiten auf. Die spektakulärste Kunstaktion kam von Judy Chicago – ein Mythos bis heute: »The Dinner Party«. Judy Chicago fertigte mit einem Team

von Frauen und einigen Männern zwischen 1974 und 1979 in einem großen historischen Frauen- und Ahninnenprojekt 39 Porzellan-Teller für 39 Frauen, die damit geehrt wurden. Viele Tellermotive waren einer Vulva nachempfunden, die entsprechend der geehrten Frau gestaltet war. »The Dinner Party« tourte mit großem Erfolg durch die ganze Welt. In den Achtzigerjahren wurde in London eigens eine Industriehalle für diese Ausstellung aufgebaut, in deren Mitte der dreieckige Tisch stand, 13 Teller an jeder Seite. Umrahmt wurde diese Multimedia-Installation von einem Quilt, der von Frauen aus aller Welt gestaltet wurde: Es gab jeweils ein Stoffdreieck, bestickt oder gefärbt, als Patchworkarbeit oder aus nur einem Stoff, für eine geehrte Frau, das Gewebe der tausend Frauen. Aus dieser Idee entstand das »Fest der 1000 Frauen« in der Alten Oper Frankfurt, bei dem Frauen jeweils eine historische Frau darstellten und so die Ahninnen in dieser großen Feier ehrten. Bis heute wächst diese Multimedia-Installation, daraus entstanden Konferenzen, Vorträge. »The Dinner Party: A Symbol of our Heritage« wird heute permanent im Brooklyn Museum in New York gezeigt. Als die Ausstellung dort zum ersten Mal aufgebaut war, klagte die Feministin Helen Cassidy: »Was haben wir nur falsch gemacht, wir wollten eine Revolution anzetteln und dabei lieben sie es.« Die Kritiker liebten die »Dinner Party« nicht so sehr, sie konstatierten, es sei keine Kunst. Das war in den Achtzigerjahren, als der Kritiker Stadelmeier noch über Margarethe von Trottas Drehbücher sagte, sie schreibe sie mit ihrer Vagina.

Ende der Achtzigerjahre feierte eine weitere Ausstellung bisher nie dagewesene Triumphe. In Brüssel wurden Idole und Frauenfiguren aus der Frühzeit der Menschen aus aller Welt gezeigt. Bewacht wurde diese Show, die alle BesucherInnenrekorde brach, vom belgischen Militär. Auch die 2012 im südfranzösischen Les Eyzies ausgestellten Frauenidole wurden zu einem großen Erfolg. Das British Museum legte 2013 nach: In der Ausstellung »Ice Age» wurden nicht nur frühe Frauendarstellungen gezeigt, die die Kuratorin Jill Cook nun erstmals nicht mehr Venus-Figuren, sondern Frauen nannte – die Frau von Willendorf, zum Beispiel. Der Begriff Venus sei vom männlichen Standpunkt aus nach der sexuellen Bewertung und Benutzbarkeit der Frau ausgerichtet, sagte sie.

Der Spirit der Neuen Frauenbewegung lebte 2012 wieder auf, als Eve Ensler zum weltweiten Tanzprojekt gegen Gewalt an Frauen aufrief: »One Billion Rising«. Das deutsche Fernsehen hielt sich bedeckt und zeigte von dieser enthusiastischen Aktion tanzende Frauen in Indien, in Afrika, doch – lieber nicht – tanzende Frauen in deutschen Städten. Zu nah? Zu bedrohlich? Vielleicht waren es nicht eine Milliarde Frauen, doch es waren viele, die sich weltweit gegen Gewalt, Zwangsprostitution und Bevormundung auflehnten.

Es mag so scheinen, dass der Geist der Frauenbewegung nicht mehr spürbar ist, doch befinden wir uns in der Phase, in der Frauenkraft beginnt, die Fundamente der patriarchalischen Welt aufzulösen. Frauen, die Bewusstsein erlangt haben, lassen sich so wenig in den Zustand des Gehorsams zurückdrücken wie Zahnpasta in eine Tube. Mögen auch die Töchter die Mütter belächeln, die radikal und unerbittlich Frauenrechte einfordern, verteidigen – am Ende werden sie selbst dafür kämpfen, denn keine will sich von einem Mann vorschreiben lassen, wie sie leben soll, was sie denken darf, mit wem sie sich verbünden will.

Dass Frauen, die freie Lebensformen erforschen, sich gegen patriarchalische Willkür wehren und neue Visionen entwerfen, immer wieder angegriffen werden, lässt sich gut mit einer Erkenntnis aus dem Sport/Fußball demonstrieren: Nur, wer im Ballbesitz ist, wird angegriffen.

Die Geschichte und die Kultur der Frauen erforschen

Das macht am meisten Spaß in einer Gruppe, in der man die Erkenntnisse und Entdeckungen austauschen kann. Eine weise Frau lebt eben nicht von ihrem Glauben und von blindem Vertrauen in wen auch immer, sie forscht, sucht nach Informationen und Funden, die ein genaues Bild ermöglichen. Geforscht wird in Bibliotheken, im Internet, in Kulturinstituten, Volkshochschulen, Universitäten, aber auch im Gespräch mit Frauen, die Wissen hüten. Immer wieder treffen sich alle Teilnehmerinnen und erzählen sich ihre Erfahrungen. Irgendwo bekommt eine Frau, die auf der Spur der Weisheit ist, den Faden zu fassen, der unweigerlich in die Entdeckung uralter Frauenkraft führt.

tränen lachen
subtile demütigungen

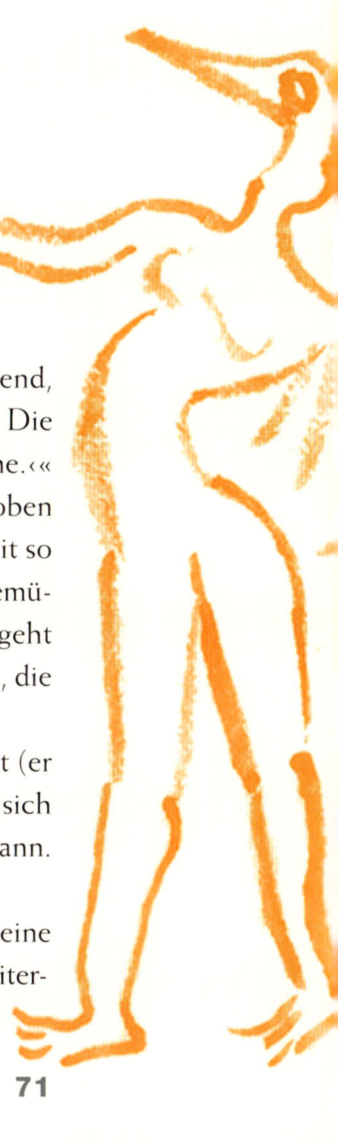

Ich saß mit meiner Freundin und ihrem Freund am Tisch. Er fand es passend, einen Witz zu erzählen: »Ein Mann und eine Frau stehen am Weidezaun. Die Frau seufzt: ›Ich wollte, ich wäre eine Kuh.‹ Er sagt: ›Ich wollte, du wärst keine.‹« Meine Freundin fing sofort an, laut zu lachen. Zu laut. Zu forsch. Da schoben schon die Tränen nach und ich fragte mich, wie um Himmels willen sie es mit so einem Deppen aushielt, der eigentlich keine Gelegenheit ausließ, sie zu demütigen – subtil natürlich. Er hätte nie zu ihr gesagt: »Du bist eine Kuh. Das geht mir auf die Nerven.« Damit kann eine ja umgehen. Das ist eine klare Aussage, die auch eine klare Antwort möglich macht.

Ich erzählte deshalb einen anderen Witz: »Eine Frau kommt vom Frauenarzt (er lachte schon mal voraus, Frauenarzt, geil). ›Bei mir ist alles okay‹, freute sich die Frau. ›Und von deinem alten Arsch hat er nichts gesagt?‹, fragt der Mann. ›Nein‹, sagt sie, ›über dich haben wir nicht gesprochen.‹«

Das war nun doch nicht so lustig. Er lachte nicht mehr. Dafür lachte meine Freundin jetzt herzlich und nur darum ging's mir. Ich hätte stundenlang so weitermachen können. Sogar an den Witz aus der »Emma« dachte ich: »Was ist ein Mann in einem Säurebad? Ein gelöstes Problem.« Doch dieser Witz war unter meiner Würde, ich sprach ihn nicht aus. Der folgende Witz hätte ihm auch nicht gefallen: »Ein Mann sagt zu seinem Arzt: ›Herr Doktor, nach dem Sex höre ich immer so ein Pfeifen im Ohr.‹ ›Was erwarten Sie in Ihrem Alter?‹, fragt der Arzt. ›Standing ovations?‹«

Als der Freund weg war, fragte ich meine Freundin, warum sie über den frauenfeindlichen Witz gelacht hatte. Sie enthüllte mir eine seltsame Mischung aus radikalem Feminismus und Selbstverachtung. Natürlich hasste sie es, so versteckt gedemütigt zu werden, doch sie hatte dabei das Gefühl, es gar nicht anders zu verdienen. So sind nun mal die Verhältnisse zwischen Männern und Frauen. Der Mann macht sich über die Frau lustig. Die Frau weint heimlich, putzt sich die Nase und stellt sich wieder der Schlacht am Küchentisch.

Mae West war da ein anderes Kaliber. Sie umgab sich noch mit über achtzig Jahren mit jungen Männern, die nichts zu sagen hatten, dafür sagte sie umso mehr. Zum Beispiel beim Anblick einer strammen Männerhose: »Ist das eine Pistole in deiner Tasche oder freust du dich, mich zu sehen?«

Wer über einen frauenfeindlichen Witz lacht, ist entweder ein Frauenfeind oder eine total verunsicherte Frau. Ich wette, kein Mann würde über den Säurewitz mit dem gelösten Problem lachen. Darüber kann man eigentlich nicht lachen, schon gar nicht, wenn es einen selbst betrifft. Warum lachen dann Frauen über Witze, die sie verunglimpfen, klein machen, demütigen? Das sind so gut wie alle Schwiegermutterwitze und so gut wie alle Witze über Männer, die betrunken nach Hause kommen. Was ist daran lustig? Was ist lustig, wenn ein Moderator im ZDF vor Weihnachten auf eine Aktion hinweist: »Wir helfen Ihnen, Ihre Schwiegermutter zu entsorgen!«

Wer denkt sich so etwas aus? Wie viele Frauen kichern darüber, bevor mal eine auf den Tisch haut?

Einer der harmloseren, dennoch vielsagenden Schwiegermutterwitze: »Fragt ein Mann seinen Freund: ›Was machst du morgen?‹ – ›Ich lasse einen Drachen steigen‹, antwortet der Freund. ›Ich mache so etwas Ähnliches, ich gehe mit meiner Schwiegermutter in die Berge.‹«

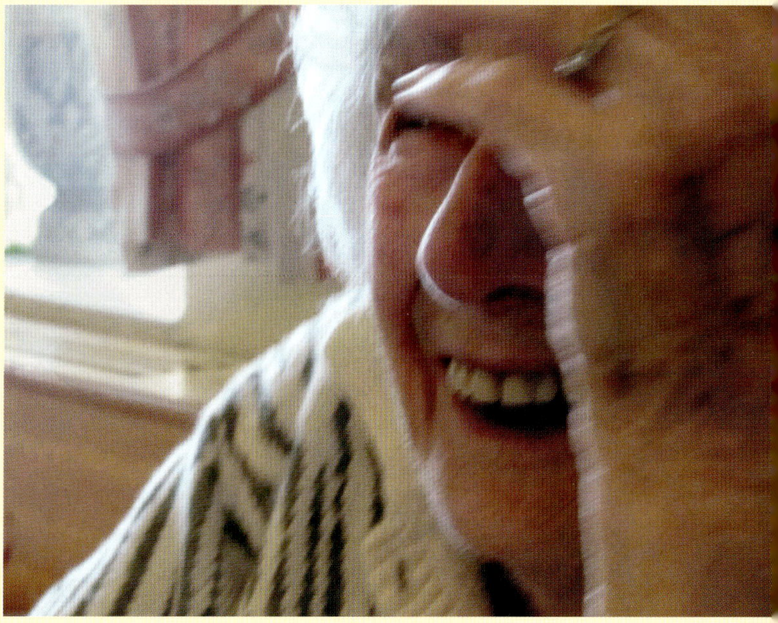

Wenn es ein Problem mit der Schwiegermutter gibt, dann gibt es dafür doch nur eine Lösung: Alles besprechen und eventuell dort ausziehen, wo man mit ihr zusammenlebt.

Es gibt immer mehr Witze, die den Mann auf die Schippe nehmen: »Sechzig Prozent aller Frauen finden ihren Arsch zu dick, zwanzig Prozent zu dünn, zwanzig Prozent zu schlaff, doch da sagt eine: ›Er ist zwar schlaff, aber ich bin trotzdem froh, ihn geheiratet zu haben.‹«

»Ich liebe Frauenbewegungen, nur rhythmisch müssen sie sein.« Nach wie vor finden Männer das superlustig, während ich mich als Frau frage, warum so viele Männer scheinbar nie erwachsen werden und auf berechtigte Kritik und Eigenverantwortung der Frauen nur mit pubertären Witzeleien reagieren. Eine Wohltat ist dann ein Witz wie der folgende: »Herr und Frau Müller haben sich gestritten und reden nicht mehr miteinander. Am Abend schreibt er einen Zettel: ›Ich muss morgen um neun Uhr aufstehen. Weck mich.‹ Als er morgens aufwacht, ist es halb zehn. Neben ihm liegt ein Zettel: ›Es ist neun Uhr. Aufstehen.‹«

Viele Frauen sagen, sie hätten sich in ihren Mann verliebt, weil er so lustig war, weil sie so lachen konnten mit ihm. Ich habe das auch gesagt. Es stimmte auch. Doch heute sehe ich das etwas anders. Ich sehe all die »lustigen« Männer, die zwar vor Witzelsucht nur so sprühen, doch wenn's mal ernst wird, wenn klare Ansagen wichtig wären, wenn eine Krise bewältigt, ein nicht so lustiger Tag überstanden, ein krankes oder gar pubertierendes Kind gepflegt, wahrgenommen, gehört werden muss, versagen sie. Dann gehen die meisten gern dahin, wo über ihre Witze noch gelacht wird – in ein Wirtshaus oder zu einer anderen Frau.

Die Qual der Frauen im Alltag wird gern mit Hohn und Spott überzogen. (Männer merken das ja meistens erst, wenn sie selbst die Kinder versorgen, kochen, den Haushalt machen müssen.) Der Putzfimmel der Frauen, ein beliebtes Thema in Witzen – doch wehe, wenn die Wohnung nicht sauber ist! Wehe, wenn nichts gekocht wird. Klar, es gibt Frauen, die sich aus diesem Zustand befreit haben. Zu welchem Preis? »Was mussten Sie auch Ihren Mann verlassen!«, tadelte eine Sozialarbeiterin eine Frau am Ende ihrer Kräfte.

Eins steht fest: Mit Frauen zu lachen ist gesellschaftlich lange nicht so anerkannt wie über Frauen zu lachen. Da lachen dann oft genug auch Frauen mit, die nicht mit den »Opfern« in einen Topf gesteckt werden wollen.

Frauen lachen über sich, Männer über die ganze Welt, weiß die Tageszeitung »Die Welt« zu berichten. Der Philosoph Emmanuel Kant behauptete gar: »Lachen ist männlich, Weinen dagegen weiblich.« Die Freiburger Humorforscherin

Helga Kotthoff meint: »Männer sind nach wie vor Meister des vorgefertigten Witzes, den sie jederzeit und überall wiederholen können.« Sie führt das auf die Tatsache zurück, »dass Männern die monologische Vortragsart einfach mehr liegt als Frauen.« Frauen setzten dagegen mehr auf Spontaneität und Ironie. Der Ton zwischen Männern und Frauen sei schärfer geworden und diskriminierende Witze überwiegten immer noch. Darüber lachen dann hauptsächlich Männer. Die Frau sucht die Fehler, das Peinliche, das Unvollkommene immer noch bei sich.

Manchmal machen sich Männer für Frauen stark, was von Frauen mit großer Dankbarkeit registriert wird. Arthur Miller schaffte es, mit einer witzigen Bemerkung zugleich seine Frau zu schützen und alte Frauen zu diskriminieren: Als Marilyn Monroe wieder einmal zu spät zum Drehort kam und deshalb vom Regisseur zurechtgewiesen wurde, sagte Arthur Miller: »Meine Tante ist immer pünktlich, aber die will niemand sehen.«

Meine Freundinnen und ich haben über folgenden Witz sehr gelacht:

»Ein Chef hat das Gefühl, dass seine Mitarbeiter ihn nicht genug respektieren. Er hängt an seiner Tür das Schild auf: ›Ich bin der Chef.‹ Dann geht er in die Mittagspause. Als er zurückkommt, sagt ein Mitarbeiter: ›Ihre Frau hat angerufen. Sie will ihr Schild zurück.‹«

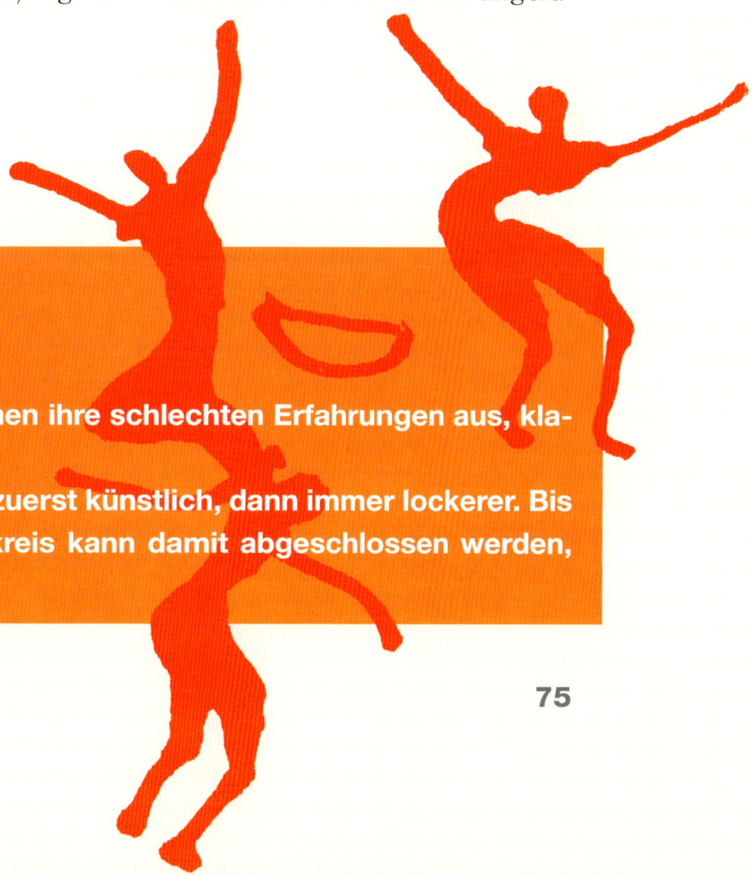

Lachkreis

Frauen treffen sich und tauschen ihre schlechten Erfahrungen aus, klagen, weinen, heulen, jaulen.
Dann beginnen sie zu lachen, zuerst künstlich, dann immer lockerer. Bis alle Tränen lachen. Der Lachkreis kann damit abgeschlossen werden, dass alle sich umarmen.

wortgarten
die macht der worte

Wir nehmen die Worte gar nicht mehr wahr, die uns täglich um die Ohren fliegen. Wir hören sie, wir reagieren sogar auf sie, doch merken wir nicht mehr, was sie in uns anrichten. Worte sind mächtig. Wer mit Worten gut umgehen kann, bringt andere Menschen zum Lachen, zum Weinen oder bemächtigt sich sogar ihrer Energie.

Ich hatte gerade eine Auseinandersetzung mit zwei Frauen. Ihre Hunde stürzten ungebremst auf meine Schwester und mich zu, als wir Brunnenkresse an einer Quelle holten. Wir erschraken natürlich. Meine Schwester schrie die eine Frau an, die sich nicht etwa entschuldigte, sondern sofort rief: »Ich zeige Sie an, weil sie die Wiesenbrüter stören.« Das war ein sehr interessanter Satz, denn wir waren ganz nah an einem von Traktoren und landwirtschaftlichen Geräten stark befahrenen Weg, gegenüber war auf einer Wiese Gülle ausgefahren worden und da, wo wir standen, gab es natürlich überhaupt keine Wiesenbrüter. Wir lieferten uns also eine Wortschlacht. Ich sagte: »Zeigen Sie uns an, dann weiß ich wenigstens, wer die Hunde nicht unter Kontrolle hat!« Denn dieser Bullmastiff, der

feldern meiner träume
streicheln zähne zärtlich
zehen leben lieben auf
geben krähen kraft und
muskulöse frauen melken
wolfsmilchblüten schauder
unter grauen regenwolk
rosenknospen rächen
sich in sanft verklärtem fliege
schimmern flimmern 55
zimmernummern über
videokanäle qualen lampen
ich kraftlos lichtlos meer
gleich in wellen schnellen
meine liebesblitze

hübsche schwarze und der langhaarige weiße Hund dachten gar nicht daran, auf Zuruf zurückzurennen. Sie sprangen an uns hoch und umkreisten uns.
Erst viel später, als ich im Internet recherchiert hatte, fiel mir auf, dass das größte Problem der Wiesenbrüter natürlich die Hunde sind, die mittlerweile bei uns zwischen März und Juli an der Leine geführt werden müssen, denn wir leben in einem Landschaftschutzgebiet. Was ich später so spannend fand, war die Virtuosität, mit der die beiden Frauen die Situation umgedreht hatten. Ihre Hunde hatten uns bedroht, doch sie drohten mit »Anzeige«. In der Nacht träumte ich sogar das Wort »Wiesenbrüter«. Mit wenigen Worten so angegriffen, dass ich stundenlang darüber nachdenken musste – das war schon meisterinnenhaft fabriziert. Wer also über Worte der Macht verfügt, wird Menschen einschüchtern, kontrollieren, zu bestimmten Handlungen zwingen können.

Bei mir gelang es nicht. Ich erfand neue Worte, um aus dem Wiesenbrüter-Wortlabyrinth herauszufinden. Ich rief die Gemeinde an, schilderte den Vorfall, verlangte zu erfahren, wer im Landkreis einen Bullmastiff hält, die sind »registrierungspflichtig«, und verwies auf den »Leinenzwang«.
Meine Schwester lud mich später zu einer Kräutersuppe aus Brennnesseln, Brunnenkresse von der Quelle und Kartoffeln ein. Das Wort »Kräutersuppe« fühlt sich im Ärger heilsam an.

Mit Freundinnen machte ich ein Feuer an der Isar. Wir rasselten und sangen, riefen schöne Kräfte zu uns, tranken Tee und Wein und aßen mitgebrachte Plätzchen, als uns ein junger Mann, der mit einer Gruppe dasaß, ermahnte: »Es ist verboten, an der Isar Feuer zu machen.« Ich bin ja immer sehr erfreut, wenn Jugendliche so korrekt sind. Ich sagte: »Ach, wenn die Ranger kommen, sagen wir einfach, ihr habt das Feuer gemacht und wir wollten es gerade ausmachen.« Der Junge konnte kaum glauben, was er da gehört hatte. Natürlich war das unfair. Das nächste Mal wurden wir, kaum war das Feuer entzündet, wieder geschimpft, weil das eben verboten war. Ich wollte nicht wieder unfair sein und sagte: »Wisst ihr das nicht, wir sind die Isarhexen, wir dürfen das.«

Ich bemerkte sofort, dass die unfaire Bemerkung viel stärker wirkte. Klar, Isarhexen, das war so ein bisschen verrückt und wahrscheinlich dachten die Jungs: »Diese alten Weiber, die spinnen doch.« Mit den »Isarhexen« blieb die Mahnung bei uns, während beim ersten Mal die Problematik des Feuers zu den Kritikern ging. Wirklich unfair, doch hochwirksam. Es lohnt sich, über die Sprache nachzudenken. Was reden wir, was rufen wir, was setzen wir in die Welt? Bleibt doch alles, was wir von uns geben, mit uns verbunden. So ist es auch nicht ratsam, einen Fluch auszustoßen. Wer will sich gerade mit jenen Menschen verbinden, die man am wenigsten leiden kann oder gar als Bedrohung empfindet.

Im Internet gibt es neue Formen von Wortmagie. Da werden Menschen aufgerufen zu helfen, zu spenden, sich zu empören, Aufrufe und Petitionen zu unterschreiben und weiterzugeben. Meistens geht der Aufruf mit einer Zeitangabe einher – es eilt. Also schnell, schnell. Wer sich vor so einen Karren spannen lässt, kann sicher sein, dass die eigenen Daten nun zusammen mit Informationen wie »lässt sich schnell emotionalisieren, fällt auf jeden Käse rein« oder so ähnlich von Firmen weiterverkauft werden. Freilich könnte man sagen, was bedeutet es schon, wenn Daten bekannt werden, steht doch sowieso überall. Es bedeutet jedoch manchen Firmen so viel, dass mir schon 175 Euro pro Adresse mit einigen Zusatzinformationen geboten wurden. Da ich keine Adressen aufbewahre, weder im Internet noch auf Papier, und schon gar nicht Adressen weitergebe, auch keine Mail-Adressen, erledigt sich das Problem im Nu. Doch gibt es genug Menschen, hauptsächlich Frauen, die sich derart erregen, wenn sie lesen, dass Affen gekidnappt, Mädchen vergewaltigt wurden, dass der Regenwald bedroht und nach Gas gebohrt werden soll, dass sie auf Knopfdruck sofort alles preisgeben, sogar ihre Freizeitaktivitäten oder ihre Kontonummer.

Wer hätte nicht sofort eine emotionale Reaktion auf das Wort »Gold« oder auf

»Krise«. Ich habe das Wort »Krise« so oft gehört, dass ich anfing, damit zu spielen. Es kam »Kreis« heraus. Und das beschreibt eine Wahrheit, die im Englischen so lautet: »What goes around comes around.« Was weggeht, kommt zurück. Der Planet ist rund. Es gibt kein Entrinnen – alles bleibt verbunden. So ist es sinnvoll, sich nur mit dem zu verbinden, was nährend, aufbauend, beglückend ist.
Die weise Frau spricht aus, was sie in der Welt haben will. Vielleicht spricht sie auch einmal aus, was schon in der Welt ist und worauf sie aufmerksam machen will. Doch wird sie keine Worte, keine Geschichten, keine Texte in die Welt setzen, aus denen Gewalt in die Welt kommt. Tatsächlich kann man Leute sogar reizen, wenn man bestimmte Worte nicht ausspricht oder sich weigert, über bestimmte Themen zu sprechen. Wenn ich einer Freundin, die mir gerade einen dringenden Aufruf geschickt hat, zurückmaile, sie solle mich damit verschonen und mir nie wieder so einen Quatsch schicken, stoße ich oft auf Unverständnis, ja, ich werde als unpolitisch oder gar unverschämt bezeichnet. Das ist mir zwar wurscht (Schulterzucken), doch beendet es ja das Problem der künstlichen Emotionserzeugung nicht.
Wenn ich in meinem Internettagebuch (www.salamandra.de) schreibe, dass ich unfähig bin, einer geregelten Arbeit nachzugehen, weil ich mich fremden Anweisungen nicht unterwerfen kann, weil ich nur das tun kann, was für mich stimmig ist, und lieber weniger Geld habe, als mein Leben für ein Monatsgehalt zu verkaufen, ernte ich Aggression. Einige meiner sonst so geneigten Leserinnen finden mich arrogant und fühlen sich verschaukelt, da sie einer geregelten Beschäftigung nachgehen. Da müssen eben auch die Worte genau betrachtet werden: Ich bin unfähig. Das ist die Kernaussage. Ich bin also nicht arrogant, ich bin unfähig. Ich könnte sehr viel mehr Geld verdienen, doch vermag ich nicht acht Stunden oder mehr irgendwo zu sitzen. Wenn eine einer geregelten Beschäftigung nachgeht, hat sie ja auch einen Grund, warum sie das tut. Sie ist also nicht unfähig. Sie ist fähig, das Für und Wider so abzuwägen, dass es für sie stimmt. Gelesen wird mein Eintrag jedoch als »Ich bin frei und du nicht«. Und auf ganz subtile Weise ist das womöglich die Aussage. Mit Worten können also durchaus vielschichtig komplexe Inhalte transportiert werden. Bist du wortmächtig, dann wird sich diese Energie auch auf dein Leben auswirken. Du wirst tatsächlich

die Magie der Worte erfahren: Was du brauchst, kannst du rufen, was du rufst, kommt. Was kommt, muss dann halt auch gelebt werden. Das ist auch nicht immer ganz leicht. Ruft eine aus: »Ich will mich endlich verlieben!« und klappt das auch noch, gerät womöglich ihr ganzes bisheriges Leben in Turbulenzen. Dann mag geseufzt werden: »So habe ich mir das nicht vorgestellt/gewünscht.« Also etwas mehr Genauigkeit beim nächsten Mal. Wie wär's mit »glücklich verliebt sein«. Dann ist es egal, wer es ist und wie es das Leben verändert, denn es ist ja glücklich.

Wortmagie

Für jeden Tag ein Wort finden und es oben auf eine Seite in einem Heft schreiben. Mit der Zeit Assoziationen zu diesem Wort dazuschreiben und herausfinden, wie vielschichtig ein Wort verstanden werden kann.

Wortgarten

Einen Wortgarten anlegen – auf ein großes Blatt irgendwohin ein Wort schreiben, das wachsen soll. Dazu Wörter, die an diesem Wachstum beteiligt sind, dazu Wörter, die angenehme und wünschenswerte Energien dazuholen. Wörter wie heilsame Essenzen sprechen/singen.

Magisches Mantra

Das eigene Mantra zu erforschen, finde ich besonders wichtig, um all die Alltagsmantren (z.B. »Mir gelingt nie was!« – »Schlechtes Wetter!« – »Alle so unfreundlich!«) zu verdrängen, die immer wieder zerstörerische Energie ins Leben bringen. Ein magisches Mantra kann ein Wort sein, das überhaupt keine Bedeutung hat (Pippi Langstrumpf erfand z. B. das Wort Spunk) oder ein Wort, das beglückend, wohltuend, aufbauend ist (etwa Sonne, Feuer). Oder ein Wort, das auf irgendeine »zufällige« Art und Weise kam. Ich träumte einmal »Teina« und fand viel später heraus, dass es auf Portugiesisch Gespinst heißt.

lebenslustige eigenmacht
entspannt alt werden

Während ich das schreibe, liege ich auf dem Sofa – mein gebrochenes Bein auf ein dickes Kissen gelagert. Das kam so: Meine Schwester, eine Freundin und ich waren zu unserem Lieblingssee zum Schwimmen gegangen. Es war ein heißer Sommertag. Das Gespräch drehte sich immer wieder darum, wie schade es sei, dass man alt werden müsse. Ich zitierte lachend Margarethe Mitscherlich, die darüber geklagt hatte, wie unfair es sei, dass man alt werden und dann auch noch sterben müsse.

»Wir können jetzt zwar zehn Jahre länger leben«, sagte meine Schwester, »aber es sind doch zehn Jahre am falschen Ende des Lebens.«

»Das finde ich gar nicht«, entgegnete ich, »denn im letzten Drittel des Lebens steckt doch die ganze Erfahrung, das ganze Bewusstsein eines Menschen, das ist doch ein Gewinn.«

»Du siehst es viel zu positiv«, sagte meine Schwester.

»Ich sehe nichts Schönes«, meinte die Freundin.

»Ich empfinde alt werden einfach als Herausforderung, als Aufforderung, Mut,

Lebenslust, Motivation und Bewegung auch im Alter zu pflegen«, entgegnete ich. Ich rutschte aus, stürzte seitlich vom Weg ab und brach mir das Bein – ausgerechnet in diesem Moment!
Ich stand zwar auch als junge Frau der Schulmedizin kritisch gegenüber, doch bin ich nicht sicher, ob ich es gewagt hätte, ein frisch gebrochenes Bein sozusagen unter dem Chirurgen herauszuziehen, der es mit Platte und Nägeln operativ fixieren wollte. Sicher hätte ich gedacht, ich ruiniere mein Bein durch meine Eigenmächtigkeit. Gerade diese Eigenmächtigkeit, die jetzt in fortgeschrittenem

Alter mit Erfahrung, Wissen und Mut gemischt ist, half mir, meine eigene Entscheidung zu treffen: Jetzt habe ich einfach ein gebrochenes Bein, zwar schräg gebrochen und in der Nähe des Sprunggelenks, doch immerhin ohne Splitter oder Komplikationen. Folge ich dem Chirurgen, der alle möglichen Schreckensszenarien entwirft, dann muss ich drei Operationen über mich ergehen lassen und werde ein Jahr lang sechs Nägel und eine Platte im Bein haben. Meine Erfahrung sagt mir, dass ein Bein nicht besser zusammenwächst, wenn da alle möglichen Metallhindernisse im Knochen stecken. Ich warf also meine ganze Erfahrung samt Intuition in die Waagschale und genoss es, dass es mir mit über sechzig ziemlich egal ist, was ein Arzt von mir hält, ob er mich sympathisch, cool, bewundernswert oder blöd findet.

Ein Schulfreund, praktischer Arzt, erklärte sich bereit, mich auf meinem Weg zu begleiten. Er ist ein Mediziner der alten Schule, er schaut die Menschen an, spricht mit ihnen und kann auch noch etwas anderes, als einen Computer bedienen und den Pschyrembel im Netz nachschlagen. Ich konsultierte ihn regelmäßig.

So kam es, dass ich im Wartezimmer seiner Praxis ein interessantes Gespräch mit anhören konnte. Vier etwa siebzig- bis achtzigjährige Frauen unterhielten sich über ihre Nachbarschaft. »In meiner Straße wohnen eigentlich nur Witwen«, sagte eine. Sie zählte die Namen auf, ging noch um die Straßenecke und fand auch hier zwei Witwen. Die andere ergänzte die Zahl der Witwen durch Frauen, die sie in ihrem Viertel kannte. Sie meinte: »Wenn du in deinem Alter überhaupt noch einen Mann kennenlernen willst, musst du auf den Friedhof gehen, da sind die wenigen Witwer, die es gibt.«

Eine, die bisher noch gar nichts gesagt hatte, mischte sich ein: »Oder ins Seniorenhaus, bleibt einer allein, geht er sofort ins Seniorenhaus, weil er da sein Essen bekommt und das Bett nicht selbst machen muss.«

»Das tu ich mir nicht mehr an!«, rief eine kleine Frau mit lustigen Augen aus.

Die Frauen lachten und auch ich musste mitlachen. Sie hatten gerade formuliert, was auch die Wissenschaft weiß: Frauen werden älter und Frauen wissen sich im Allgemeinen im Alter besser zu helfen, wenn sie nicht gerade an Demenz oder Alzheimer leiden. Und bis ins hohe Alter hält sich auch die Rollenverteilung:

Der Mann lässt sich bedienen, die Frau dient. Wenn sie »zu nichts mehr nütze« ist, fällt sie oft in Depression, wird krank oder stirbt. Interessant, diese Wartezimmer!

Ich dachte nach. Einerseits war meine Forderung auf diesem verhängnisvollen Heimweg durch den Wald, die Herausforderung des Alters kraftvoll anzugehen! Andererseits hatte ich mich gerade dadurch in eine hilfsbedürftige Situation katapultiert, die jener im hohen Alter nicht unähnlich ist. Da ich mich nicht operieren ließ, musste ich gute drei Wochen absolute Ruhe einhalten, durfte das Bein keinesfalls belasten und musste es aushalten, Hilfe anzunehmen. Kraftvoll und entspannt – dieses Spannungsfeld beschäftigte mich. Kraftvoll: Alles, was ich tun konnte, um die Muskulatur und die Haut lebendig zu halten, wollte und musste ich tun. Ich konnte mir etwas kochen, ich konnte mich waschen. Einkaufen konnte ich nicht. Und gleichzeitig begriff ich endlich den Sinn und den Wert der Entspannung: Es ging weniger darum, etwas zu tun, sondern mehr darum, etwas zu lassen. Es auszuhalten, nichts zu tun. Die Zeit der Heilung wurde wohl meine beste Vorbereitung fürs Alter. Ich schaute in den Apfelbaum vor dem Fenster, ich sah die Äpfel fallen, ich sah Blätter gelb werden. Wachstum, Blüte, Frucht, Reife, Verfall – alles ganz normal. Nur die Menschen machen so ein Drama draus.

Über Kindheit und Jugend diskutieren wir nicht. Sie geschieht uns. Wir haben kaum Möglichkeiten zu beeinflussen, was uns geschieht. Andere haben beschlossen, was richtig und falsch, was wertvoll und wertlos ist. Wir fangen an, uns zu wehren, eigene Wege zu finden – oder nicht. Die Mitte des Lebens überrumpelt uns mit Notwendigkeiten. Geld muss verdient werden. Für Frauen stehen Fragen im Vordergrund: Kinder oder nicht? Familie? Berufstätigkeit? Wie wird das Leben am besten navigiert? Vom Glück spricht man ja besser gar nicht, wenn man nicht kritisiert werden will. Und dann kommt das Alter. Vor dem Spiegel beugen sich Frauen ihrem Gesicht entgegen. Falten? Bin ich schon alt? Bin ich jetzt dann nichts mehr wert?

Alt. Eine Verheißung! Die Zeit der Hormonjagd ist vorbei. Die Zeit der Fruchtbarkeit ist vorbei. Jetzt könnte das Vergnügen beginnen. Könnte. Doch tausend Ängste werden geschürt: Was ist, wenn ich hilflos werde? Krank? Leidend? Ich

werde nicht mehr beachtet, ich bekomme bei der Bank keinen Kredit mehr, ich kann mit den Jungen nicht mehr mithalten. Auf der Straße werde ich umgerannt. Ich bin unsichtbar. Alt werden – um Himmels willen, ich doch nicht.
»Ich kenne Sie nicht«, sagt meine Mutter morgens im Spaß zu ihrem Spiegelbild, »aber ich wasche Sie trotzdem.« Sie beschreibt etwas, was mir von vielen sehr alten Menschen bestätigt wurde. Der Körper wird alt und faltig, die Physiognomie verändert sich, irgendwann verlieren die meisten Menschen im wahrsten Sinn des Wortes ihr Gesicht, ihr gewohntes Gesicht, ihre vertraute Erscheinung. Sie starren diesen Menschen an, der sich mit dem Kind im Inneren einfach nicht decken will. Und doch wird dieses Kind immer lebendiger, immer mächtiger. Die Erinnerungen der Kindheit tauchen wie Blasen an die ruhige Wasseroberfläche und zerspringen in schmerzhaften oder lustvollen, in witzigen oder tragischen Bildfetzen. Die Demütigung, die jemand vor achtzig Jahren erlitt, ist jetzt schlimmer als früher. Je weniger bewusst sich ein Mensch mit dem eigenen Leben, mit den eigenen Erfahrungen, mit Schmerz, Leid und Freude auseinandergesetzt hat, je mehr verdrängt wurde – passt schon, macht nichts, das geht vielen so, darüber muss man sich nicht aufregen –, desto heftiger und quälender kehrt es jetzt zurück und will wahrgenommen werden. Auch das Schöne der Kindheit und Jugend wird lebendig wie nie zuvor. »Hätten wir doch damals schon gewusst, wie schön wir sind«, sagt eine Freundin meiner Mutter, »wie schön die Jugend ist!« Am Stammtisch der neunzigjährigen Frauen singen sie dann: »Schön ist die Jugendzeit, sie kommt nicht mehr!«

Während ich so dalag und gesunde Nahrung zu mir nahm, homöopathische Heilmittel einwarf, Bücher las und im Internet surfte, gelangte ich in einer Zeitschrift auch zu einem Test: »Testen Sie Ihre Lebenserwartung.« Ich beantwortete die Fragen so realistisch wie möglich (kommen Sie mit ihren Handflächen, Fingerspitzen oder gar nicht zum Boden, wenn Sie sich mit gestreckten Beinen vorbeugen – mit den Handflächen natürlich), und stellte fast schockiert fest: Meine Lebenserwartung beträgt 99,68 Jahre. Da ist natürlich mein Hang zu Unfällen noch nicht mit berücksichtigt, doch scheint auch der sich immer wieder

buchstäblich in Wohlgefallen aufzulösen. Ich hatte nach diesem Test noch rund sechsunddreißig Jahre zu leben, mit einer Rente von rund fünfhundert Euro, das ließ in mir so ein Kichern aufsteigen. Der Hauptgewinn: Du wirst uralt und hast kein Geld.

Da hatte es meine Mutter besser, sie hatte sich zwar durch achtundvierzig Jahre abhängige Arbeit geschunden, in einem Büro, das sie mit einem Kettenraucher teilte, weshalb sie im Alter Asthma bekommen hatte, doch wurde sie unbeirrt und wenig beeindruckt von den düsteren Prognosen der Ärzte gerade neunzig Jahre alt. Als sie im Café einen ehemaligen Kollegen traf, sagte sie triumphierend: »Schon dreißig Jahre liege ich jetzt dem Staat auf der Tasche.« Der viel jüngere Kollege rief begeistert aus: »Weiter so!«

Die Atemnot meiner Mutter hatte sie mit neunundachtzig bei einem nächtlichen Notarzteinsatz ins Krankenhaus gebracht. Als ich am frühen Morgen kam und mit meiner schwer atmenden Mutter, die an einem tragbaren Sauerstoffgerät hing, auf dem Flur auf und ab ging, gesellte sich der behandelnde Arzt zu uns.

»Wollen Sie lebensverlängernde Maßnahmen wie Intubation, eiserne Lunge usw.?«, fragte er meine Mutter. Auch so eine Respektlosigkeit: Bei alten Leuten lohnt es sich wohl gar nicht, in ein Arztzimmer zu gehen, um die letzten Dinge zu besprechen.

»Nein, will ich nicht«, antwortete meine Mutter schwer atmend. »Man soll dem lieben Gott nicht ins Handwerk pfuschen.«

Der Arzt meinte: »Dann müssen Sie sich darauf vorbereiten, dass Sie sich von dieser Welt verabschieden müssen.« Meine Mutter nickte. Ich kenne dieses Nicken. Es bedeutet: Das werden wir schon sehen, red' du nur.

Als ich am nächsten Tag zusammen mit dem Arzt ins Zimmer meiner Mutter kam, saß sie mit ihren zwei Bettnachbarinnen am Tisch und spielte Karten. Beerdigung verschoben. Wir haben ohnehin kein Familiengrab mehr. Auf dem Grabstein stand: »Wenn es köstlich gewesen ist, so ist es Mühe und Arbeit gewesen.« Unter diesem Spruch wollte meine Mutter nicht in die Erde sinken, also gab sie kurzerhand das Grab samt Gebeinen unserer Ahnen und Ahninnen auf. Wo kein Grab ist, wird auch nicht gestorben.
Auch die Mutter einer Freundin regelte ihr Weiterleben eigenmächtig, ohne Zutun eines Facharztes. Der eröffnete ihr, als sie etwa sechzig war, dass sie an einem Darmkrebs leide und operiert werden müsse. Sie ließ sich nicht operieren und erzählte dann triumphierend den Rest ihres Lebens: »Der Arzt ist schon tot und ich lebe immer noch.« Kamen ihre Kinder pflichtbewusst und oft widerstrebend zu ihr, rief sie gern aus: »Sonnt euch in meiner Liebe.« Sie wurde sechsundneunzig Jahre alt. Mit neunzig verliebte sie sich in einen etwas jüngeren Mann im Seniorenhaus. Die beiden waren unzertrennlich und als er starb, folgte sie ihm bald nach.

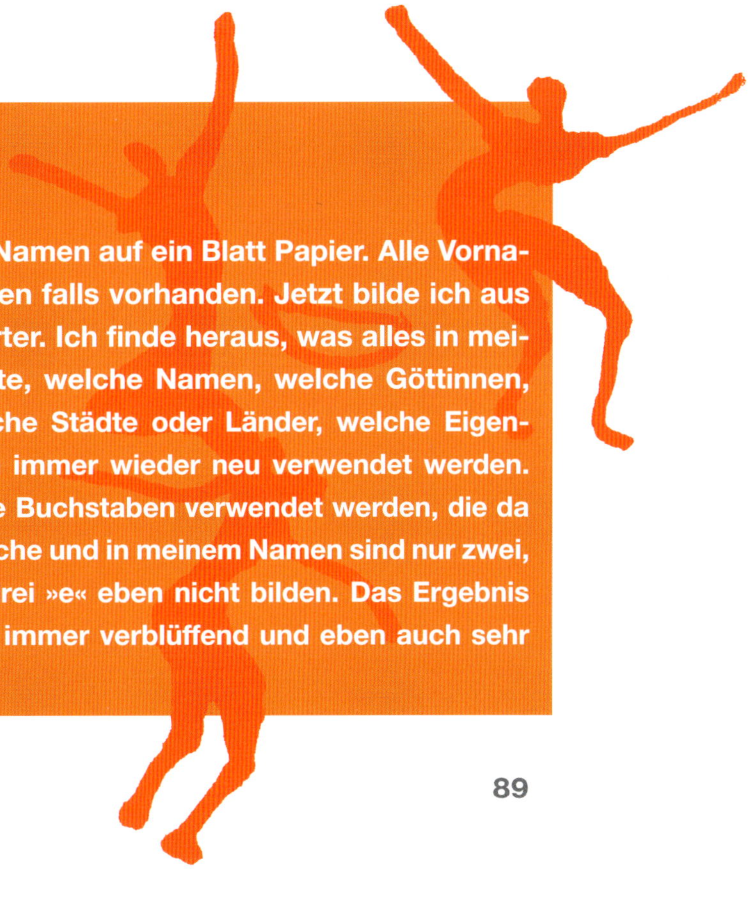

Namensspiel

Ich schreibe meinen kompletten Namen auf ein Blatt Papier. Alle Vornamen, Geburtsnamen, Heiratsnamen falls vorhanden. Jetzt bilde ich aus den Buchstaben immer neue Wörter. Ich finde heraus, was alles in meinem Namen steckt, welche Kräfte, welche Namen, welche Göttinnen, welche Pflanzen und Tiere, welche Städte oder Länder, welche Eigenschaften. Alle Buchstaben können immer wieder neu verwendet werden. Aber für jedes Wort können nur die Buchstaben verwendet werden, die da stehen. Also wenn ich drei »e« brauche und in meinem Namen sind nur zwei, dann kann ich das Wort mit den drei »e« eben nicht bilden. Das Ergebnis ist erheiternd, manchmal peinlich, immer verblüffend und eben auch sehr bestärkend.

kalte füße
ehrliche bestandsaufnahme

Wenn's um Gesundheit, um den Körper, um Heilung geht, kann eine Frau gar nicht sorgfältig genug sein. Zu schnell werden Heilversprechen angeboten, zu unbewusst wird auch noch auf den größten Blödsinn eingegangen. Nehmen wir zum Beispiel den Mythos Regen und Kälte erzeugten Erkältungen, Grippe gar. Erkältungen oder Grippe holen sich die Menschen bei anderen Menschen. In Regentropfen wohnen keine Viren, in den Tröpfchen aus der Nase einer erkälteten Person schon. In der kalten Luft werden keine Bakterien umhergeweht. Im Gegenteil: Wer gut und wohlig warm angezogen in die kalte Luft oder mit richtiger Regenkleidung in den Regen geht, stärkt die eigenen Abwehrkräfte. Warum also setzt sich so eine falsche Information so erfolgreich durch? Vielleicht geht es ja darum, uns von der Natur zu entfernen.
Die böse Natur, im Wald lauern die Zecken, auf wilden Himbeeren hocken vielleicht schon Fuchsbandwürmer – bereit zum Angriff. Tollwut funktioniert nicht mehr, sie ist in Deutschland kein Thema mehr. Frauen reagieren auf Bedrohung durch Wetter oder Natur ängstlicher als Männer.

Es geht gar nicht um Abhärtung, eher um die lustvolle Wiederentdeckung der Natur im eigenen Körper, aber auch draußen.

Frauen haben oft kalte Füße. Ich hatte als junge Frau immer wieder Blasenentzündungen und dachte, das käme von den kalten Füßen. Tatsache war: Ich hatte kalte Füße, weil mein Leben chaotisch, meine Beziehung zu Männern beunruhigend, meine finanzielle Situation schwierig war. Blasenentzündungen hatte ich, weil mich der Mann, mit dem ich zusammen war, ziemlich wahllos mit anderen Frauen betrog.

Eine Nachbarsbäuerin riet mir, barfuß zu laufen, um sowohl die kalten Füße als auch die Blasenentzündung loszuwerden. Unglaublicherweise hatte sie recht. Barfuß laufen machte mir derart viel Spaß, dass ich sogar barfuß auf Berge stieg. Ich trennte mich von dem Mann, der mir ständig Blasenentzündungen verpasste – mein Leben wurde leicht. Und frei. Es ist fast ein Tabu, einer Frau zu raten, die hygienischen Gewohnheiten ihres Freundes oder Mannes zu überprüfen, doch wenn Frauen über Männer reden und Alkohol im Spiel ist, wird schnell der Mann zum Schwein und intime Details über alle möglichen sexuellen Praktiken werden ausgepackt. Dass es Konsequenzen haben sollte, wenn sich ein Mann unfair verhält (und ja, natürlich auch, wenn sich eine Frau unfair verhält), spielt in den übermütigen Frauenrunden kaum eine Rolle. Alle gehen nach dem Freundinnenabend nach Hause und alles geht weiter wie bisher. Wie sollen da die Füße warm werden?

Trink nicht aus der vergifteten Quelle – in vielen Märchen geht es genau darum. Was ist das Äquivalent dieses giftigen Wassers? Wasser ist bei uns fast überall sehr sauber und genießbar. Um die Wasserqualität geht es also nicht, weder heute in unserer Welt noch im Märchen. Es geht um das Wasser des Todes, um den

Hass, den Selbsthass, um Verzweiflung, Neid und Gier. Es ist nicht leicht, diesen Giften zu entgehen. Sie lauern überall. »Die hat mehr als ich«, »Die kann gar nichts und ist trotzdem Chefin geworden«, »Betrügen – das machen doch alle, warum sollte ich das nicht tun?«, »Ich will halt eine tolle Wohnung, ein Haus, einen Pool, ein schickes Auto, was ist daran falsch?« usw. Nichts ist falsch daran, außer dem Gefühl. Wenn Gier im Spiel ist, macht das Ziel krank.
Kalte Extremitäten sind ein Zeichen für einen mehr oder weniger starken Schockzustand. Im Schock versorgt der Körper die lebenswichtigen inneren Organe und das Hirn. Nasenspitze, Ohren, Hände und Füße werden vernachlässigt. Wer also ständig kalte Füße hat, sollte eine Bestandsaufnahme der Situationen machen, die bedrohlich, unangenehm, beklemmend sind. In einer Studie stellten WissenschaftlerInnen fest, dass Menschen, ohne es wahrzunehmen, in einen Zustand des Erschreckens geraten, wenn ihr Mobil/Smart-Telefon klingelt.

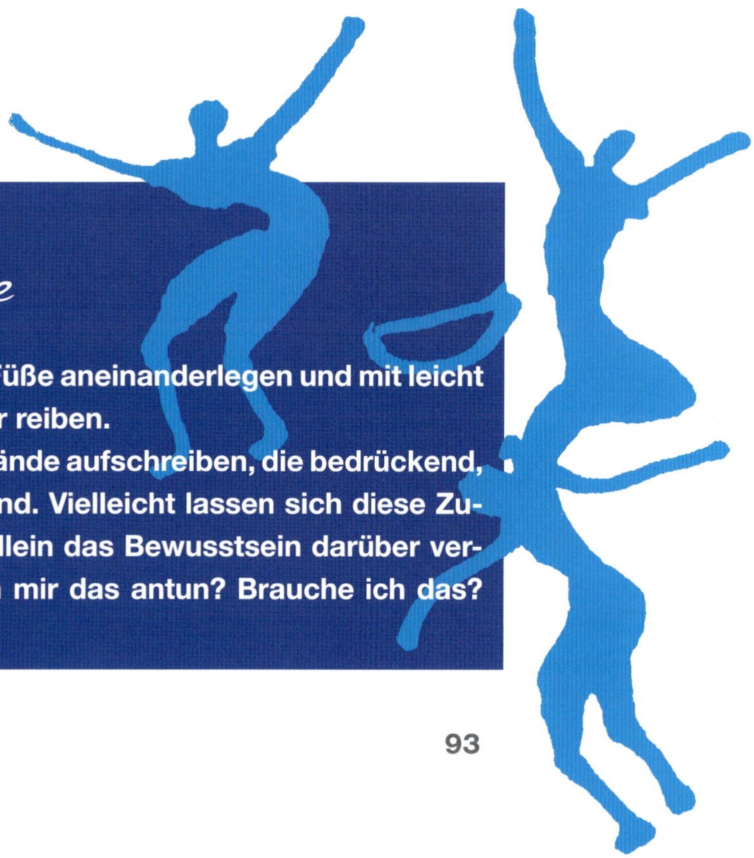

Bestandsaufnahme

Auf dem Rücken liegend Hände und Füße aneinanderlegen und mit leicht eingezogenem Bauch gegeneinander reiben.
Dann auf einem Blatt Papier alle Zustände aufschreiben, die bedrückend, beklemmend, bedrohlich, stressig sind. Vielleicht lassen sich diese Zustände nicht sofort auflösen, doch allein das Bewusstsein darüber verändert die eigene Haltung. Muss ich mir das antun? Brauche ich das? Wie kann ich es ändern?

verbunden mit der wilden kraft
die weise alte im märchen

Mein größter Kummer als Kind war es, in den Märchen fast nur böse alte Frauen zu finden. Ich verstand mich mit alten Frauen ausgezeichnet. Sie ließen mich einfach sein. Ich musste mich nicht anstrengen, keine Kunststücke machen. Bei ihnen kam ich zur Ruhe. Wahrscheinlich waren sie jünger als ich jetzt, das Fräulein Wolf zum Beispiel – sie besaß einen Friseursalon und ich durfte die Haare zusammenfegen und bekam eine kleine Münze dafür, die zweieinhalb Brausestangen ergab. Magische Kraft ging von den Haaren aus. Manchmal stibitzte ich eine Locke und machte ein Nest für meinen kleinen Teddy daraus. Das hatte ich in den Märchen gelernt: Mit Haaren konnte man allerlei bewirken. Schnitt nicht die Zauberin **Rapunzel** zur Strafe ihre schönen Haare ab, als sie entdeckte, dass Rapunzel daran den jungen Prinzen auf den Turm hochzog? Natürlich war die Geschichte traurig und die Alte böse. Schon als Kind schien mir, dass sie mehr konnte, als Rapunzelsalat pflanzen und Haare schneiden, dass sie das Mädchen zu sich geholt hatte, weil sie ihre Lehrerin sein wollte. Sie war ja gut zu ihr.

Die Hexe von Hänsel und Gretel – ganz schlimme Propaganda! Ich habe in »Die Schatzhüterin« den Initiationscharakter dieses Märchens herausgearbeitet und musste mir dafür von Frauen anhören, ich wolle die alten Weiber nur schönreden. Darüber dachte ich nach und, ja, ich will sie endlich wieder schönreden, diese weisen alten Frauen, von denen wir so viel gelernt haben und immer noch lernen. Zum Beispiel diese **Babajaga**, zu der die schöne Wassilissa geht, weil ihre Stiefmutter und ihre Stiefschwestern so gemein zu ihr sind. Die Ausgangsposition ist auch nicht ganz sauber: Wassilissa tut sich selbst sehr leid und ein Kind, das sich selbst leid tut, kann ziemlich nerven. Dass die Stiefmutter Wassilissa schickt, um das wahrhaftige Feuer zu holen, kann also durchaus zwei Gründe haben: Einerseits schickt sie Wassilissa fort, weil sie nervt, andererseits schickt sie sie zu Babajaga, weil sie weiß, dass es für Wassilissa an der Zeit ist, erwachsen zu werden.

Heutzutage schickt man die Kinder zu Austauschfamilien nach USA oder England, von wo sie dann vielleicht depressive E-Mails schreiben, dass das Essen nicht schmecke und die Leute gemein seien. Und doch ist es nötig, einmal Abstand von zu Hause zu bekommen. Nichts anderes sagen die meisten Märchen: Kinder ziehen los, um erwachsen zu werden, um magische Kräfte zu erwerben, um die kindliche Angst zu verlieren.

Was für eine weise Alte ist denn die Babajaga? Sie kümmert sich nicht um die Probleme der Frauen. Sie ist schließlich keine Sozialarbeiterin. Kommt eine dennoch zu ihr, so ist das ihr Problem. Löst sie die Aufgaben nicht, die Babajaga ihr stellt, wird's eng. Womöglich stirbt sie sogar. Babajaga ist eben nicht die liebe Alte: »Ich versteh dich, armes Kind. Was kann ich für dich tun?« Sie sagt: »Übernimm gefälligst Verantwortung, hör auf zu kokettieren, hör auf, dich zu beklagen, und nimm dein Leben in deine Hände, anstatt ständig anderen die Verantwortung und Schuld zuzuschieben.«

Wie, du kannst keine Erbsen in ein Fass ohne Boden füllen? Dann kannst du gleich wieder gehen, denn nichts weniger als das Unmögliche verlangt eine wie Babajaga von dir. Hast du die Botschaft verstanden? Du denkst dein Leben war die Hölle und es kann nicht schlimmer kommen? Doch, es kann schlimmer kommen und es kommt schlimmer, wenn du Hilfe suchst, ohne zu wissen, zu wem du da genau gehst und was du eigentlich willst.

Viele Frauen glauben, sie haben ein Recht auf Hilfe und Trost. Sie wollen alle viere von sich strecken und verwöhnt werden. Daran ist nichts Falsches, außer, dass es Situationen gibt, in denen genau das gefährlich ist. Wer die Verantwortung abgibt, wer die Augen vor der Realität verschließt, nimmt in Kauf, dass andere ihre Interessen durchsetzen. Babajaga ist der Weckruf der Frau: Bleib immer aufmerksam und wach, denn die Welt ist ein gefährlicher Ort. Schon immer gewesen, das beweisen die Märchen.

Die Saligen Frauen sind die Heilerinnen, die Weidenfrauen, die mythischen Mütter, die alles ins Fließen bringen. Doch so richtig gemütlich sind auch sie nicht. Zum einen muss eine Frau, die einer Saligen begegnen will, hinaus ins Freie, in die Berge vielleicht sogar, muss Wind und Wetter aushalten und in kühlen, dunklen Nächten ausharren. Gelingt der Kontakt, dann gibt es allerdings viel zu erfahren und zu lernen und die Heldin gewinnt Heilkräfte und altes Wissen.

Die Percht, Göttin im Alpenraum, die anderswo auch Holla oder Freya heißt, ist eine Seelenführerin, also eine weise Alte, die auf der Grenze zwischen Leben und Tod, zwischen Zivilisation und Wildnis umherzieht. Durchaus bedrohlich, gibt sie ihre Kraft und ihr Wissen nicht preis. Eine Frau muss mit der Percht ziehen, um zu erfahren, was die Uralte zu geben hat. Mit ihr ziehen – das heißt, sich auf den Weg machen. Es geht hier nicht um einen Pilgerweg wie den Jakobsweg, auf dem Tausende dahinziehen, lauschige Abende in Weinbeizen zusammen verbringen und am Ende in einer Kathedrale gesegnet werden. Es geht um einen Weg, den eine nur allein gehen kann. Um das Öffnen aller Sinne, um Wahrnehmung und Kommunikation mit allen Wesen, denen eine auf diesem Weg begegnen mag. Es gibt keine Pilgerordnung, keine Regeln, keine Ratschläge, keine Vorschriften. Jede Frau, die sich auf den Weg macht, muss im Lauf der Zeit alles abwerfen, was nichts taugt, was nicht wirklich Erkenntnis bringt, was der tiefen Berührung durch die Elemente im Weg steht. Es gibt keine Bestätigung, kein Lob, keinen Ausweis, keine Urkunde. Nirgends kann eine damit angeben. Nirgendwo bringt es Anerkennung oder Bewunderung. Dieser Weg zur Percht, zur wilden Kraft, der gar nicht unbedingt in der Wildnis, sondern durchaus auch in einer Stadt möglich ist, bringt einer Frau beglückende Augenblicke von sinnlichen Eindrücken, wie sie nie verspürt wurden.

Die Grimm'schen Märchen sind voll von bösen Alten, die nichts Besseres zu tun haben, als Kinder und Menschen, die sich im Wald verirrt haben, zu verderben. Sie tun freundlich, sind aber grausam und gnadenlos. Durch das Frauenbild im Märchen werden viele Mädchen irritiert. Mit wem sollen sie sich identifizieren? Mit der jungen Frau, die ihre Brüder erlöst? Vielleicht hätte die etwas Sinnvolleres zu tun gehabt, als Nesselhemden zu weben, von einem Prinzen geheiratet zu werden und dann beinahe als Hexe verbrannt zu werden, weil sie nicht sprechen darf, bis die Hemden fertig sind. Wir Frauen sind es wirklich langsam leid, immer die Männer, die sich in Schwierigkeiten gebracht haben, erlösen zu müssen! Und diese Stiefmütter und Schwiegermütter in den Märchen! Sadistisch, gemein, hinterlistig lassen sie junge Frauen ins offene Messer laufen, trachten ihnen nach dem Leben. Tatsache ist, dass mit dem Ende des Mutterrechts Männer zu Helden, zu einzigartigen Menschen hochstilisiert wurden. Der Mann ist alles, die Frau dient ihm. Gern. Widerstandslos. Da wird eine Alte, die im Wald lebt, schnell zum Feindbild. Die alleinlebende freie Frau ist jetzt die Bedrohung. Mag sie Heilerin sein, mag sie den Menschen helfen – sie bleibt eine Gefahr. Und: Sie weiß zu viel von den Menschen, die zu ihr kommen und sich bei ihr ausweinen. Das bleibt bis heute das Risiko von Heilerinnen und Beraterinnen. Selbst wenn sie erfolgreich helfen, geraten sie oft genug in Misskredit, werden verantwortlich gemacht, wenn Menschen für sich selbst keine Verantwortung übernehmen.

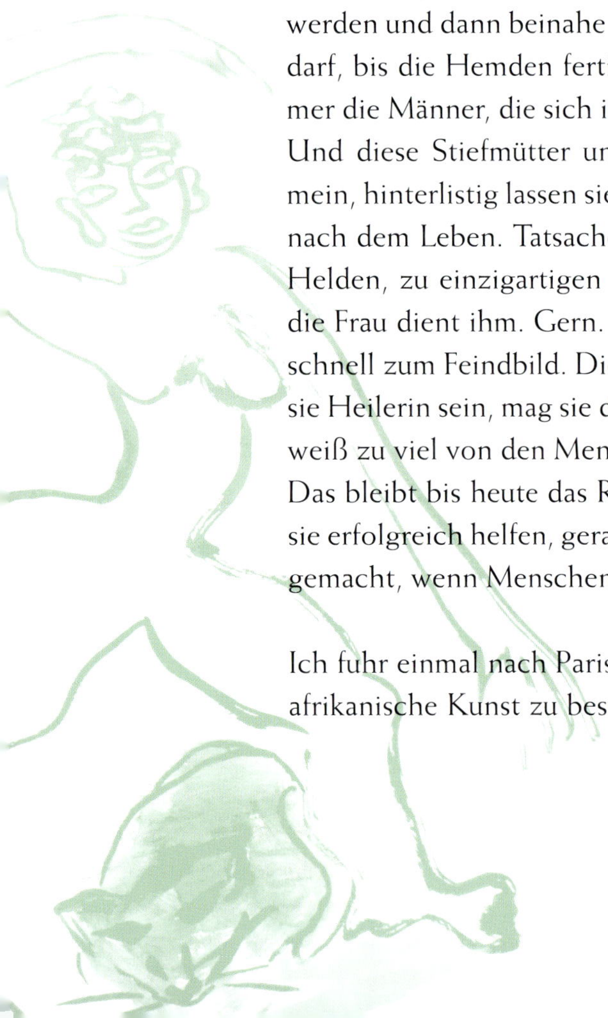

Ich fuhr einmal nach Paris, um eine Ausstellung im Museum für ozeanische und afrikanische Kunst zu besuchen. In einem Buchantiquariat fand ich eine Sagen-

und Märchensammlung. Im Hotel abends las ich die erste Geschichte. Sie handelte von einem jungen Mann, der im Karneval einer maskierten Frau folgte. Sie bemerkte, dass er immer hinter ihr blieb, wohin sie auch ging. Da begann sie, ihn aus dem Karnevalstrubel zu locken, aus der Stadt hinaus, auf einen Hügel hinter der Stadt, zum Bugarach, dem magischen Berg. Sie verschwand in einer Felsenhöhle. Der junge Mann folgte ihr, schon in der Vorfreude, was sie dort wohl mit ihm vorhatte. Da saß sie im dunkelsten Eck der Höhle. Er näherte sich ihr. Sie sagte nichts. Sie saß da mit dieser grässlichen missgestalteten Maske, mit ihrem Fetzenkleid und wartete.

Er ging ganz nah zu ihr hin und riss ihr die Maske vom Gesicht. Doch wie erschrak er, als er sah: Unter der entstellten Maske war das Gesicht ebenso entstellt. Er hatte eine Schicht der Haut abgezogen, darunter lag ein Gesicht wie eine Schreckensmaske. Er wollte fliehen, doch nun packte sie ihn und ließ ihn nicht los ...

Die Geschichte faszinierte und gruselte mich. Am nächsten Morgen trank ich auf dem Weg zum Museum in einem kleinen Straßencafé einen Kaffee. Ich saß an einem kleinen Tisch vor dem Café. Vor mir öffnete ein afrikanischer Straßenkehrer einen Hydranten, das Wasser strömte auf die Straße. Er leitete es mit Lumpen und Fetzen in die gewünschte Richtung. Ich starrte in den Wasserstrom. Ich fiel aus der Zeit, schwebte mit einem Sonnenstrahl durch die Luft, und die ganze Zeit stand ein Hund vor mir und führte mich durch die Labyrinthe der anderen Seinsebenen. Irgendwann saß ich wieder auf dem Stuhl in der Sonne vor dem Café und bedankte mich bei dem Hund. Der machte »Wuff« und ging langsam weg. Ein echter Schamane!

Mir schien, als sähe ich die Maske der alten Frau. Es war, als bleibe die Zeit stehen. Ich saß einfach da und Zeit und Raum verschwanden. In diesem Augenblick wurde ich neu geboren. Ich gebar mich selbst als die, die ich wirklich war.

Wanderung zur weisen Alten

Eine Frau, die die Weisheit der Uralten kennenlernen will, sollte sich auf den Weg machen. Obwohl so eine Begegnung sehr schnell geschehen kann, ist es wichtig, nicht gleich wieder Termine zu haben. Auf so einem Weg, den eine Frau sorgfältig vorbereitet und nur gut ausgerüstet geht, gibt es kein Ziel. Gehen ohne anzukommen. Bewegung ohne Eile, die Kostbarkeit der Langsamkeit entdecken, die Köstlichkeit der Stille erleben. Wasser trinken. Einfache Nahrung zu sich nehmen. Schweigen. Keine Ergebnisse erwarten. Die Begegnung könnte schließlich auch eine mit der weisen Alten in jeder Frau sein.

am anfang war das träumen
wahrnehmung und deutung

Hinter sich Leere und Weite, vor sich Leere und Weite – die weisen Frauen der Steinzeit hatten noch nicht die Menschheitsgeschichte im Rücken und konnten wohl auch kaum Prognosen für die Zukunft stellen. Wie auch? Sie schöpften aus der Verbindung, aus der Erinnerung ihrer VorfahrInnen. Ihre Archive waren die Höhlen, in denen sie das Heilige, die große Kraft darstellten. Ihre Impulse kamen aus der Intensität des Seins, aus dem Entzücken über die Schönheit, aus dem Schrecken der unerwarteten Ereignisse, aus dem Jetzt, gespeist durch Erfahrung und Wahrnehmung. Heute wird ihre Kunst, werden die KünstlerInnen mit da Vinci, mit Picasso verglichen. Zu ihrer Zeit waren sie alles, sie waren da. Sie träumten. Sie jagten, sie sammelten Kräuter und Nahrung aus der Natur, sie tanzten. Sie lebten.
In einer Gesellschaft lebend, die zwischen künstlicher Befruchtung und Überbevölkerung auf im wahrsten Sinn des Wortes verrückte Weise Sexualität und Fruchtbarkeit thematisiert, können wir uns kaum vorstellen, wie ein Leben ausgesehen haben mag, in dem nicht das Männliche, sondern die schöpferische,

heilende, nährende, friedliche Kraft des Weiblichen im Mittelpunkt stand und es nicht nötig hatte, das Männliche auszugrenzen. Es herrschte eine Art natürliche Ko-Existenz zwischen Frauen, Männern, Tieren, Pflanzen, Elementen.

In der frühen Geschichte der Menschen gab es über Jahrzehntausende, vermutlich sogar über Jahrmillionen nur kleine Menschengruppen. Nicht die Fruchtbarkeit, wie uns oft von ArchäologInnen gesagt wird, sondern die Verträglichkeit der Menschengruppe mit der Umwelt war Thema. Wären zu viele Menschen an einem Ort gewesen, hätten sie, wie wir heute, zu viele Ressourcen beansprucht und ausgebeutet, wären sie verhungert oder hätten die Reisewege und den Winter nicht überlebt. Es wäre zu Kämpfen mit anderen Gruppen gekommen, die womöglich auch zu viele waren. Die Geschichte zeigt uns, dass Kampf, Auseinandersetzung, Hungersnot und Seuchen Phänomene der Überbevölkerung – und der Männerherrschaft sind. Hätten Männer in der Eiszeit, in der Steinzeit tatsächlich so großen Einfluss auf die Entscheidungen der Menschengruppe, auf ihr Leben gehabt, gäbe es uns heute nicht mehr. Denn mit dem Beginn der Männerherrschaft wurden Kampf und Krieg zu »Tugenden«, das Töten von »Feinden« und die Sehnsucht nach Frieden wesentliche Faktoren der menschlichen Gesellschaft. Gewalt gegen Menschen, Tiere, gegen die Natur, Herrschaftsanspruch, Macht über Zeit und Lebensraum sind die Themen, die bis heute unser Leben dominieren. Dass sie in der Eiszeit und in der Steinzeit noch nicht relevant waren, beweist die Tatsache, dass Menschen über einen so langen Zeitraum lebten, ohne sich nennenswert zu vermehren. Sie besuchten über neuntausend Jahre immer wieder dieselben Kultorte, wie die Chauvet-Höhle oder Lascaux, Escoural im Alentejo/Portugal oder die Höhlen der Dordogne in Südfrankreich. Heute sind wir schon froh, wenn es nach zehn Jahren einen Ort, eine Quelle, ein Haus, ein Bauwerk überhaupt noch gibt.

Was bedeutet es denn, wenn Menschen, die keine modernen Hilfsmittel besitzen, die keine Städte, keine Elektrizität, keine Fahrzeuge, keine Kommunikationstechnologie, keine Unterhaltungstechnologie kennen, die von dem leben, was sie erfinden, was sie finden, was sie entdecken, weil es keine Geschäfte gibt, in denen sie einkaufen können, was bedeutet es also, wenn diese Menschen viele Tage an einem Kunstwerk arbeiten? Es geht nicht nur um Geschicklichkeit und

handwerkliches Können. Diese Kunstwerke wurden nicht geschaffen, um in einem Museum ausgestellt oder verkauft zu werden. Sie waren der schöpferische Ausdruck einer Verbindung zwischen Menschen, Tiergeistern, Pflanzenwesen, Elementen, weiblicher Kraft. Was bedeutet es, wenn Menschen in einer Höhle zusammensitzen, Stürme toben, die Naturgeister tanzen?
Alles ist jetzt, alles ist da – oder nicht. Was nicht entsteht und geschieht, existiert nicht. Wo keine Verbindung entsteht, ist Leere und bedrohliches Ausgeliefertsein. Doch wenn Verbindung entsteht, können die Menschen mit den Elementen tanzen, sich mit dem Wirbeln des Sturms, mit dem Prasseln des Regens, mit dem Heulen des Windes und mit dem Grollen der Erde verbinden.

Wir können weder die tiefe Glückseligkeit, die hellwache Wahrnehmung, die intensive Verbindung noch die Verlorenheit im Universum nachempfinden, denn unsere Welt ist erfüllt von Ablenkung, Zerstreuung, Überbelichtung, Lärm, Bedrängnis, Stress, sinnlosen Tätigkeiten und Arbeit, die uns krank macht, von Hunger und Übersättigung, von Sehnsucht nach Befriedigung, Stille, Glück. Und doch – jede Sonnenfinsternis, jeder Schneesturm, jede Flut, jeder Tsunami, jeder Erdrutsch, jede Lawine bringt uns ins Bewusstsein, wie wenig Technik letztlich vermag, wie ausgeliefert wir in Wirklichkeit sind, wie wenig wir tatsächlich beeinflussen können, wenn's wirklich lebensbedrohlich wird. Wir haben gesehen, wie Tsunamis Siedlungen wie Kartenhäuser wegspülten, wie die nordamerikanische Ostküste in Wasser und Schnee zerlegt wurde. Selbst der Sonnenuntergang ist uns bei all der Technologie, die uns umgibt, Wunder und Entzücken.

In einer Welt, in der es nur die Elemente, das Universum, die Natur und die Menschen gibt, wird die innere, die spirituelle Verbindung lebenswichtig. Die Kunst der Eiszeit und der Steinzeit zeigt uns, was das Wesen der inneren Verbindung war: die weibliche Kraft, Tiergeister, die Energie, die aus der Hand fließt, Geistwesen, die sich in schwer zu deutenden Formen materialisieren, in einer Verbindung aus Menschen, Tieren, pflanzenähnlichen Wesen, Wellen, geometrischen Formen. Niemand hat wohl die Essenz von Energie genauer gespürt als die Menschen der Eiszeit und der Steinzeit.

Es ist still. Es ist dunkel. Kein Mond. Sterne werden sichtbar, die Erde atmet, die Pflanzen duften. Die Menschen liegen zusammen und beobachten den Lauf der

Gestirne. Tiere gesellen sich zu ihnen. Sie fühlen sich nicht bedroht. Wie komme ich auf dieses Bild?
Einmal wanderte ich mit Frauen im Binntal hinauf zum Geißpfad. Wir kamen an einen Felsenfindling, der auf einem Felsuntergrund lag und eine Art Höhle, einen Überhang bildete. Der Felsbrocken lag so, dass er sich bewegte, wenn man auf ihn kletterte, man konnte mit dieser Bewegung einen Rhythmus erzeugen, der einem Herzschlag ähnelt: ba-dam, ba-dam. Wenn man in der Höhle saß und eine bewegte den Stein, wurde der Herzschlag spürbar. Wir gaben uns diesem Herzschlag hin, wir sanken in Trance, die Hündin einer Frau lag ausgestreckt neben uns. Es war Jagdzeit. In der Ferne hörte man die Schüsse. Als wir wieder aus der Trance auftauchten, hatten sich zwei Hirschkühe zu uns gesellt. Sie spürten, dass wir nicht zur Jagdgesellschaft gehörten, ja vielleicht erspürten sie sogar unsere Tranceenergie und woben sich ein. Die Hündin übrigens reagierte nicht auf die Hirschkühe und bellte nicht. Heute wird zwar jede »menschenähnliche« Regung eines Tiers als Wunder gefeiert, doch wer mit Tieren als gleichwertigen Wesen lebt, weiß, dass Erkennen, Träumen, Schmerz empfinden, Treue, Liebe bei Tieren wie bei Menschen zur Lebenskraft gehören.

Das Leben in der Eiszeit, eine einzige Anstrengung, begleitet von Naturkatastrophen und unbekannten Schrecken – so wird uns diese Phase der menschlichen Geschichte gern beschrieben. Die Kunst der Eiszeit zeigt eine ganz andere Kraft: Da sitzen Menschen, die sich eigentlich um Nahrungsbeschaffung kümmern, jagen, sammeln müssten, tagelang, wochenlang vielleicht und basteln an irgendeinem Kunstwerk, oder ist es ganz anders? Sie kommen zusammen, tanzen, singen, erzeugen Rhythmus mit Knochen und Steinen und rufen die Pflanzen, die Tiere, sie verbinden sich in Trance mit den Wesen der Natur und des Universums, und als Nebenprodukt sozusagen entdecken sie deshalb mit wachen Sinnen Nahrungsquellen, sichere Wohnorte, Quellen, Fasern, aus denen sie Kleidung weben können. Nicht die Tätigkeit steht im Vordergrund, sondern die Energie, die die Tätigkeit zur Folge hat. Nur so lässt sich erklären, wie riesige Felsbrocken bewegt, wie Steinkreise und Megalithbauten ohne Fahrzeuge und »schweres Gerät« entstehen konnten. Am Anfang war das Träumen, die Aktivität folgte erst danach.

Vom Träumen, von der Traumzeit haben wir uns weit entfernt. Wir bewegen uns im energetischen Raum der Wertung, der Interpretation, der Deutung. Die Deutungshoheit liegt in fast allen Bereichen bei der Wissenschaft. Die Absurdität dieser Situation illustriert ein Interview mit Franz Josef Strauss. Interviewer: »Haben Sie von Lockheed eine Million Mark Schmiergeld bekommen?« Strauss: »Gegenfrage: Haben Sie Abitur?«

Wer kein Abitur hat, wer nicht studiert hat, wer keinen Doktortitel hat, darf nicht interpretieren, hat nicht die Deutungshoheit. Aber wer kennt nicht diesen Augenblick der Überraschung in einem Museum: Man bestaunt z. B. eine Skulptur aus der Steinzeit von allen Seiten. Liest man dann die Beschreibung, versteht man gar nicht, was dieser Text soll, so weit ist er von dem eigenen Empfinden entfernt. Deutungshoheit: Wir sagen euch, wie ihr das zu sehen habt, und kommt ja nicht auf die Idee, das irgendwie anders zu deuten, darauf folgt die Ausgrenzung durch die zwei Seuchen der Menschheit: Feministisch! Esoterisch! Haben Sie Abitur?

Die Angst, als Feministin, als Esoterikerin gebrandmarkt zu werden, hält viele Frauen davon ab, sich mit ihren wahren Empfindungen zu beschäftigen, unverkrampft auf die Kunst der Frühzeit zuzugehen, sich offen und interessiert mit der Natur zu beschäftigen, nachts bei den Bäumen/Kühen/Steinen zu liegen und in den Himmel zu schauen, ohne Taschenlampe und Sterndeutungsbuch. Zuerst kommt das Träumen, dann die Wahrnehmung, dann die Handlung und erst dann die Deutung. Nicht umgekehrt.

die füße von der erde geküsst
die haut vom wind umarmt
das feuer im bauch schürt das lachen
stehe ich allein
eins mit allem
und bin überall zu hause

Manche Frauen wandern lang durchs Leben, ehe sie mit ihrer ureigenen Kraft in Verbindung kommen, manche finden diese Kraft nie und fühlen sich ein Leben lang fremd in ihrer Haut, fremd in der Welt, fremd in der Ehe. Umgekehrt glauben viele Männer ein Leben lang, sie gehörten etwa zum starken Geschlecht und seien Frauen überlegen. Wer Frauen und Männer in ihrer Umgebung genauer betrachtet, wird merken, dass die Kraft von Männern aus einer geheimen Quelle fließt: Sie kommt von den Frauen, die hinter diesen Männern stehen und deren Leben organisieren, unterstützen, nähren, mit sozialen Kontakten verknüpfen. Wird ein Mann von allen guten Geistern, also von allen Frauen, verlassen, fällt er meistens aus diesem Netz der Geborgenheit, der Nahrung, der Unterstützung. Manche stürzen ab, andere werden aggressiv, gewalttätig, unberechenbar. Dann finden sich wieder Frauen, die in sozialen Einrichtungen, als Sozialarbeiterinnen, als Therapeutinnen diese Männer erneut unterstützen und aufbauen. Der Input von Frauen in der Gesellschaft ist groß, die Anerkennung mager. Anstatt jedoch die eigene Situation in der Welt klar zu analysieren und Schlüsse daraus zu ziehen, hungern viele Frauen nur nach Anerkennung, wünschen sich, dass ihre Arbeit, ihr Engagement endlich gesehen wird. Von Männern. Auf diese Weise bleiben Frauen immer im Mangel, immer in der verzweifelten, fordern-

den, bittenden, zornigen Position. Nimm mich endlich wahr! Gib mir endlich Lob und Anerkennung.
»Du willst gesehen werden? Willst wahrgenommen werden? Mach es wie die schwedischen Autofahrer: Licht an!«, sagte Ute Schiran.
Es gibt nicht nur einen Aus-Weg. Es gibt einen Weg, und der ist für jede einzigartig. Es ist der Weg zur eigenen Kraft, ins eigene Leben. In die eigene Wahrnehmung der Welt, in den eigenen Rhythmus, in die eigenen Überzeugungen, Überlegungen, Entscheidungen. Niemand kann sagen, wie dieser Weg sein muss. Das muss jede Frau für sich selbst herausfinden.

Die Elemente ehren

Für dieses Ritual kann eine allein oder mit Freundinnen an einen Ort in der Natur gehen, in dem alle Elemente zu finden oder zu erzeugen sind, das heißt, es ist günstig, wenn da ein Bach, ein Fluss oder ein See ist, wo auch ein kleines Feuer gemacht werden kann. Wer keine Feuerschale hat, kann im Baumarkt oder an einer Tankstelle einen kleinen runden Grill kaufen, die eignen sich für kleine Feuer in der Natur und sind nicht schwer zu tragen.
Alle Teilnehmenden steigen ins Wasser und rufen alles, was mit dem Wasser zu tun hat, die Flüssigkeiten im Körper, die Flüssigkeiten auf der Erde. Wenn alles gerufen ist, kann untergetaucht werden, dann wird das Feuer entzündet und jetzt ruft jede alle Kräfte des Feuers. Sind alle Feuerkräfte gerufen, wird gestampft und geklatscht und alle Kräfte der Erde, der Nahrung, der Steine usw. werden gerufen. Schließlich werden die Kräfte der Luft, die Düfte, die Klänge usw. gerufen. Beendet wird das Ritual mit Dank und: »So sei es.«

aus anderem holz geschnitzt
der stammtisch der neunzigjährigen

Es war ein kalter Winter, irgendwann nach dem Krieg. Die amerikanischen Besatzungssoldaten, die in Grafing stationiert waren, brauchten Kohlen. Sie fuhren zum Kohlenhändler Gasser, wo ein großgewachsener junger Mensch Kohlen in einen Sack schaufelte. »It's a girl, it's a girl!«, rief ein Soldat erstaunt aus. Tatsächlich war es Maria, die Tochter des Kohlenhändlers, die über neunzig Jahre alt noch den Schnee vor ihrem Haus wegschaufelte und stark und aufrecht am Tisch saß, wenn sich die »ehemaligen Schulkameraden« zum Stammtisch trafen. Denkt man an neunzigjährige Frauen, dann steigen sofort die Klischees auf: Das alte Muatterl im Altersheim, umgeben von freundlichen Kindern oder Pflegerinnen. Die Alte, die vor sich hindämmert.
Diese neunzigjährigen Frauen sind aus anderem Holz geschnitzt. Sie kennen sich alle aus der Volksschule: Maria, die Kohlenhändlerstochter, die zweiundneunzigjährige Anni, die noch allein in ihrem Häuschen mit dem kleinen Garten lebt, Toni, die in diesem Herbst neunzig wird, die Tochter des Molkereibesitzers, die immer noch so schön singt. Als sie noch Kinder waren, haben Toni und

Trudl zusammen bei ihr zu Hause am Klavier gesungen. Gerade war sie bei ihrem Sohn in Teneriffa. Er wünscht sich, dass sie zu ihm zieht, aber sie hängt an Grafing, an ihrem Stammtisch, an ihren Lebensgewohnheiten.
Körperlich am gebrechlichsten ist ausgerechnet die Bergsteigerin Trudl. Sie ist ihr Leben lang in die Berge gegangen, hat eine Mädchengruppe im Alpenverein aufgebaut und später eine Wandergruppe. Dann bekam sie Asthma und aus war's mit dem Wandern und leider auch mit dem Singen. Ihre »Singamseln« mussten ohne sie auskommen. »Ja, das ist schon bitter«, sagt sie, »wenn du das, was dir am meisten Spaß macht, nicht mehr tun kannst.« Aber weder sie noch ihre Freundinnen halten sich mit Jammern und Klagen auf. Über Krankheiten und Wehwehchen wird kaum gesprochen, dafür umso mehr über die Erinnerungen an früher.

Da ist zum Beispiel Ulla, die ein Baugeschäft geleitet hat. In ihrer Jugend war sie bei der Bahn und hat Züge in Grafing Bahnhof abgepfiffen. Zu ihrem achtzigsten Geburtstag schenkten ihre Kinder ihr eine Schaffnermütze und eine Kelle und sie durfte noch einmal einen Zug abpfeifen. Das ist jetzt auch schon wieder lang her. Sie ist schwächer geworden, doch der Enkel fährt sie immer noch einmal im Monat zum Stammtisch.
Wer Maria mit kräftigen Schritten, aufrecht, geschmeidig über den Grafinger Marktplatz gehen sieht, würde nicht drauf kommen, dass sie schon über neunzig Jahre alt ist. Und dass Neunzigjährige und noch ältere Frauen regelmäßig zusammenkommen und sich immer wieder was zu erzählen haben, ist doch erstaunlich. Unbeirrt treffen sie sich einmal die Woche zum Stammtisch. 713 Jahre sind sie miteinander alt, wenn alle acht da sind. Neunzig! Das erscheint den Jungen unfassbar alt. Doch die Klischees über das Alter werden hier gebrochen – gepflegt, gut frisiert, schön gekleidet kommen alle zum Stammtisch. Jede lebt noch in ihrem Haus, ihrer Wohnung, macht selbst noch ihren Haushalt, mithilfe

von Töchtern, Enkeln oder PflegerInnen. Das eigene Heim ist wichtig, »da hat man noch was zu tun«. Es heißt immer, die Alten kosteten nur Geld, bräuchten Pflege, Medikamente, Hilfsmittel. Aber ist man denn kein Mensch mehr, nur weil man alt wird? Wenn man die Frauen am Stammtisch so anschaut, wird klar: Das Bild der Alten ist schief. Wahr ist dagegen, dass die Jungen heute schon an Alterskrankheiten wie Osteoporose, Schwerhörigkeit und Altersdiabetes leiden, ganz zu schweigen von Alkohol- und Drogenmissbrauch, und auch einiges kosten. Die Generation der jetzt Neunzigjährigen sind Frauen, die oft hart körperlich gearbeitet haben, die hamstern gingen, um während des Kriegs etwas zu essen zu organisieren, die nach dem Krieg Deutschland wieder aufgebaut haben, die oft eine schwere Kindheit und »schlechte Zeiten« erlebt haben und trotzdem durchhielten.

Als sich Rosa den Fuß brach, schien ihr selbständiges Leben zu Ende. Sie kam in eine Übergangspflege. Doch sie und ihre Freundinnen gaben nicht auf – so lebt sie wieder zu Hause und genießt den wöchentlichen Stammtisch. Anni, die noch in ihrem eigenen Häuschen lebt, hat sich vor Kurzem die Hüfte gebrochen – daran sterben gelegentlich auch Menschen, die jünger sind als sie. Es war nicht leicht, wieder auf die Beine zu kommen, doch nun geht sie wieder zum Stammtisch. Ja, sie hat Schmerzen, aber sie klagt nicht. Stoisch hat sie ihr hartes Leben ertragen, stoisch hält sie auch die Schmerzen aus.

Die Altersfeindlichkeit wird diskutiert, zum Beispiel, dass einmal in der Zeitung stand, dass Zuschauer bei Monika Grubers Comedy Show »Leute Leute« nicht älter als neunundsechzig sein dürfen. »Unverschämtheit«, finden sie und jetzt fliegen die Argumente über den Tisch. Da dürfte ja der Bundespräsident auch nicht hin. Was die sich einbilden. Ist man aussätzig, wenn man alt ist? Und dass die Jugendlichen sich beklagen, weil sie die Renten der Alten zahlen müssen. Ja, Herrschaftszeiten, wer hat denn zwanzig Jahre oder länger für die Jungen bezahlt?

Diese Generation hat das deutsche Wirtschaftswunder mit geschaffen, fleißig in die Rentenkasse einbezahlt. Dass die für andere Zwecke geleert wurde, ist ja nicht ihre Schuld! Wer unterstützt denn immer noch die Kinder und die Enkelkinder, spart, damit am Ende was übrig bleibt, vererbt ihnen schließlich alles?

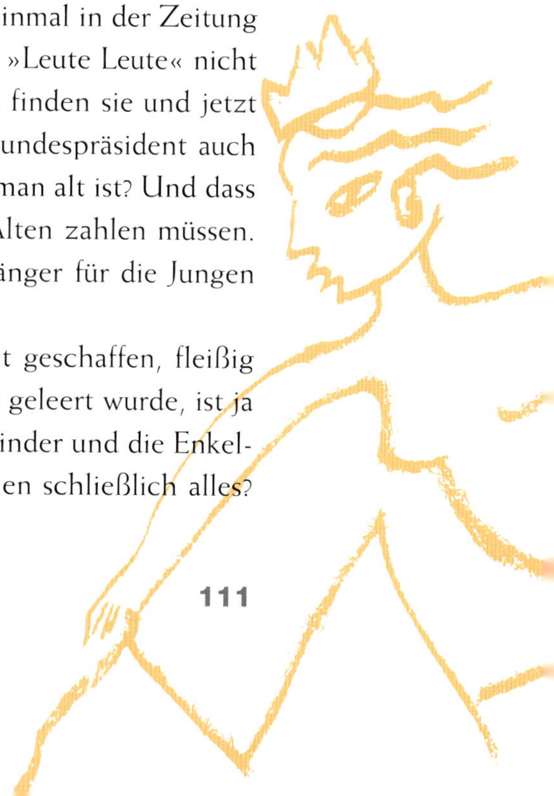

Was die Alten aufgebaut haben, wird oft sinnlos verspekuliert! Was die Jugendlichen sich heute alles leisten können – ja, das gab's damals nicht. Wer ist denn in die Wirtschaft gegangen oder gar ins Café? Fleisch gab's einmal in der Woche, am Sonntag. Und da gab's auch den guten Kaffee, der wurde mit der Hand gemahlen. Maria zeigt, wie's geht. Alle lachen. Fleisch und Kaffee gibt's ja jetzt ohne Einschränkungen.

Auch an den lokalen Neuigkeiten sind alle sehr interessiert. Ob's um die riesigen Lastwagen geht, die sich durch Grafing quälen, oder um die kriminellen Geschäfte der Banker – alles wird besprochen. Als der Bürgermeister krank war, schickten ihm die Stammtischdamen eine aufmunternde Karte, die von ihm gerührt beantwortet wurde. Sie lesen Zeitung, sie sind informiert, wenn sie sich auch nicht mehr über alles aufregen. Neulich schnappte die Trudl nach Luft und wäre um ein Haar umgefallen. »Mir fehlt nix«, keuchte sie. »I kriag bloß koa Luft!« Ohne Humor sind die Gebrechlichkeiten des Alters schwer auszuhalten, aber der Humor ist den Stammtischfreundinnen noch nicht ausgegangen.

»Alt werden wollen viele, aber keiner will alt sein«, sagt eine. Alt werden ist nichts für Feiglinge, heißt es. Diese Frauen wissen wie es geht!

»Wer nicht alt sein will, muss vorher sterben«, sagt eine verschmitzt.

Anni zeigt ein Stück Papier, auf das sie eine Karte abgeschrieben hat, die an ihre Freundin adressiert war. Diese Karte wurde am 6.6.1952 in Stuttgart abgeschickt. Darauf steht: »Sei so lieb und schicke mir einen Flicken von meinem guten hellen Anzug, da ich ausbessern lassen muss.« Den Flicken konnte der Absender nicht erwarten, die Karte kam am 27.8.2009 an. Mittlerweile sind beide gestorben. Alle lachen – fast ein bisschen nachdenklich.

Begegnung

Geh zu einer alten Frau, die du kennst, und lass dir von ihr von früher erzählen. Frag sie, wie sie ihre Krisensituationen durchgestanden hat, wie sie mit ihrer Familie gelebt hat, was sie liebte, was sie hasste. Wenn wir von den alten Frauen lernen, ersparen wir uns manchen schmerzhaften eigenen Lernprozess.

sie werden eine arthrose bekommen
sagte der arzt
rosen werde ich bekommen
ich werde geschmeidig und stark sein
sagte ich
trage mich auf deinem rücken trage mich auf deinem rücken
sagte das wasser
lege deine hände auf mich lege deine hände auf mich
sagte der gebrochene knochen
singe uns ein lied singe uns ein lied
riefen die kleinen leute im körper
hebe mich über die schwelle hebe mich über die schwelle
sagte das frühstückstablett
vergiss mich nicht vergiss mich nicht
sagte die kleine dicke steingöttin

es war fünf uhr morgens
die kirchenglocke rief die bauern zur stallarbeit
der himmel begann sich der sonne entgegenzuneigen
im garten hob die füchsin ihren kopf
die welt war still
endlich

verbinden und verbünden
die magie der weisen alten

Wer ist die weise Alte? Wie sieht die magische Kraft der weisen Alten aus? Es gibt Frauengruppen, Gruppen von »weisen Frauen«, die junge Frauen nicht an ihren Seminaren teilnehmen lassen, weil junge Frauen noch nicht weise sind. Blödsinn. Viele junge Frauen haben schon seit der Kindheit intensive Erfahrungen mit Natur, mit Menschen, mit Katastrophen und Wundern gemacht. Viele alte Frauen ruhen sich auf ihrem Altenstatus aus und von Weisheit ist weit und breit keine Spur zu finden. Die weise Alte kann auch in einem Kind stecken, wie das Kindliche immer noch in der weisen Alten zu finden ist.

Die Magie der weisen Alten beruht auf ihrer innigen Verbindung mit allen Wesen. Alles ist belebt, allem entströmt Energie. Es atmet das Wasser, der Stein träumt, die Vögel bringen Botschaften, das Feuer mischt sich ein und der Pulsschlag der Erde löscht die Zeit aus. Es muss eine nicht unbedingt uralt sein, um diese Dimension des Seins zu entdecken. Viele Kinder kennen sie. Viele junge Menschen ahnen sie und verbergen dieses Wissen, weil sie nicht schrullig und seltsam sein wollen.

Alte Frauen, die sich ihr Leben lang um die Verbindung zu allen Wesen bemüht, mit ihnen kommuniziert haben, dafür ausgelacht, vielleicht sogar ausgegrenzt wurden, erleben im Alter diese wunderbare Freiheit von Konventionen, von Zwängen, Regeln, Arbeitszeiten, familiären Tabus und Regeln. Jetzt fängt eine zauberhafte Zeit an, in der eine tut und lässt, was sie will und wann sie will. Das ist vielleicht wirklich die Voraussetzung für die magische Kraft, deren Fragmente immer wieder in Märchen erwähnt werden, oft diffamierend, manchmal beglückend.

Träumen

Eine weise Frau ist auch für ihre Träume verantwortlich. Sie nährt sie oder schickt sie fort. In ihren Träumen erschafft sie die Welt, die sie leben will. Sie geht in die

Traumzeit, um das zu gestalten, was sich im Wachzustand verwirklichen soll. Ihr Weg in die Traumzeit führt über Trommeln, Rasseln, allein gehen und schweigen, tanzen. Sie steigt auf den Schamaninnenbaum und lernt die Schamaninnenmutter und ihr verbündetes Tier kennen. Immer ist ihre Kraft spielerisch.

Aufwachen

Eine weise Frau lernt sich selbst kennen. Anstatt sich immer nur durch andere zu spiegeln, beginnt sie, in den dunklen Spiegel zu schauen, in die Quelle des Vergessens und des Erinnerns. Sie lernt ihren Körper kennen, sie wird berührbar und berührt. Sie nimmt wahr.

In Verbindung sein

Es geht in der Magie der weisen Frauen ums Verbinden und Verbünden, mit anderen Frauen, mit Tieren, Pflanzen, Steinen, mit Wolken, mit den Elementen. Es geht um das Horchen, Wahrnehmen, um das vorurteilsfreie Sehen, Hören, Spüren, Riechen, um die Öffnung aller Sinne. Was spricht das Kresseblatt im Mund? Was antwortet der Körper? Was trägt der Bach zu dieser Unterhaltung bei? Wie reagieren die Wolken?
Frauen haben oft den besseren Zugang zu den anderen Wirklichkeitsebenen, derer es viele gibt, weil sie nicht so viel Angst davor haben, als irrational ausgelacht zu werden. Ohnehin werden sie oft nicht ernst genommen, deshalb entsteht ein Freiraum, der unerwartete, unerhörte, unvorstellbare Begegnungen möglich macht. Du spinnst, hören weise Frauen oft. Ja, was ist daran falsch? Spinnend wirken wir Gewebe, die uns tragen, die uns verbinden.

Rufen

Die Magie der weisen Frau beruht auf dem Wissen: Was du brauchst, kannst du rufen. Was du rufst, kommt. Prüfe, was du sprichst. Sind es immer wieder hergebetete Klagen? Sind es Flüche? Machst du andere schlecht? Dann solltest du wissen, dass alles, was von dir nach außen geht, wie an einer unsichtbaren Nabelschnur mit dir verbunden ist. Willst du dich wirklich mit Verleumdungen, Flüchen, Klagen auf ewig binden? In der Magie der weisen Frauen werden andere

Fäden gesponnen, Netze gewebt, die tragen Heiterkeit, Lachen, Zuversicht, Verheißung, den Zauber des Möglichmachens.

Binden und Bannen

Bindungen sind in bürgerlichen Kreisen beliebt. Bindungen schaffen Verbindlichkeit. Bindungen machen Menschen berechenbar, auch erpressbar. Doch Bindungen sind auch manchmal lebensnotwendig. Die weise Frau schaut sich sehr genau an, wo sie Bindungen eingeht und an wen oder was sie sich überhaupt binden will. Was gebunden und gebannt wurde, muss auch wieder gelöst werden. Nichts bleibt, wie es war. Der Verlust von Bindungen ist immer auch ein Kraftverlust. Kehrt das einmal Gebannte wieder, erfordert die Verarbeitung womöglich mehr Energie als vor der Bannung. Deshalb sind Binden und Bannen eher Notprogramme einer weisen Frau.

Lösen

Eigentlich geht es das ganze Leben nur darum, Festes, Verfahrenes, Verhärtetes zu lösen. Gilt es, das Böse zu lösen? Das Böse? Die weise Frau weiß um alle fließenden Zustände, weiß, wie schnell das sogenannte Gute ins Böse gleiten kann, weiß, wie mächtig Schmerz, Frustration, Demütigung, Begehren, Sexualität, Sehnen in Geist und Fühlen einwirken und das fragile Gleichgewicht zerstören. Das Vertrauen der weisen Frau: Ich traue allen alles zu. Auch mir selbst.

Wandeln

Es gibt viele Enttäuschungen, Zurückweisungen, Niederlagen auf dem Weg zur eigenen magischen Kraft. Eine Frau muss sich in der Tiefe ihrer verborgenen Gefühle und Geheimnisse mit dem Unaussprechlichsten der eigenen Existenz konfrontieren. Selbstüberschätzung, Arroganz, Selbstzufriedenheit sind abgefallen, da ist die pure Energie, bereit, gestaltet zu werden. Da ist die Erfahrung, die sagt: »Unmöglich. Das geht nicht. Das kannst du nicht. Das ist Blödsinn.« Und da ist die heitere kindliche Kraft die sagt: »Probier's doch einfach aus. Glaube nichts, spiele mit allem.« Da sind die anderen, die sagen: »Du machst es dir leicht, für dich ist alles Spiel.« Doch wenn eine Frau Wirklichkeit wandeln will, geht es nur spielerisch. Will sie anderen etwas beweisen, oft auch wenn jemand fragt: »Na, kannst du schon zaubern?«, dann verliert sie ihre Kraft.

Und das Schwierigste: Die beschriebenen Kräfte Träumen, Aufwachen, Rufen, Binden, Bannen, Lösen, Wandeln kommen nicht in ordentlicher Folge. Einmal durch alle Zustände – fertig ist die Zauberin. Es ist ein pulsierendes Universum, das sich ausdehnt, schrumpft, blüht, verdorrt, lebt, einfriert. In jedem Augenblick wird dieses Universum neu geschaffen.

Die magischen Mittel

Aus der Flut kitschiger, pathetischer, wertvoller, lächerlicher, schöner, wirkungsloser so genannter magischer Hilfsmittel genau das herauszufinden, was eine wirklich braucht, ist wahrlich nicht einfach. Es gibt einen weltweiten Markt, der nahtlos von Wellness zu spirituellem Wohlbefinden (wenn's denn gelingt), zu »magischer Kraft«, zu Entspannung und starker Energie schwappt. Hier gibt's totpolierte Steine, dort synthetische Räucherstäbchen, die Menschen auch vergiften können, wenn sie sie nur lang genug einatmen. Kitschige Figuren, Runenplättchen, Runenstäbchen, Salzbrunnen, Zauberstäbe, magische Kleidung werden feilgeboten und wecken in KäuferInnen die Hoffnung, damit Magie bewirken zu können. Nach meiner Erfahrung kann man sich genauso gut einen Monchichi, einen Mecki, einen Teddy, eine Barbiepuppe oder einen Schlumpf auf den Altar stellen – die bewirken sogar womöglich mehr, weil sie einmal sehr geliebt wurden oder noch immer sehr geliebt werden. Eine weise Frau braucht eigentlich gar keine Gegenstände. Klar macht es Spaß, mit wunderbaren Figuren, Stei-

nen, Trommeln, Rasseln usw. die Atmosphäre so zu gestalten, dass der Übergang in andere Wirklichkeitsebenen womöglich leichter gelingt. Doch vergessen wir nicht, dass die Dinge, die Altäre, die Schreine, die Trommeln, die Göttinnenfiguren, die Kraftsteine, ja, selbst die Rituale nur Hilfskonstruktion sind. Wir errichten ein Gerüst, damit wir das Haus bauen können, doch lebt kein Mensch im Gerüst. Ist das Haus gebaut, braucht es das Gerüst nicht mehr. So ist es mit der spirituellen Energie – ist sie da, braucht es eigentlich gar nichts mehr.

Das Gerüst: Einen Kreis ziehen, trommeln, rasseln, singen, stampfen. Kraftgegenstände, Lieblingsgegenstände in die Mitte legen, mit wohlriechenden Kräutern räuchern. Das alles führt nicht automatisch an die Schnittstelle zu anderen Ebenen oder gar über diese Schwelle. Es hilft. Oder nicht. Manchmal bleibt es einfach ein schönes Spiel. Manchmal passiert das Wesentliche, noch ehe überhaupt ein Ritual begonnen wird. Wer jedoch darauf fixiert ist, dass dic Struktur eingehalten werden muss, weil sonst das Heilige nicht möglich wird, könnte sich in den Weltreligionen einrichten. Das tun auch viele. Diese ganz freie Herangehensweise an spirituelle Ebenen, ohne Moral, ohne Regeln, ohne Gebete, ohne Lehrzeit, ohne MeisterIn, ohne Kodex oder Leitlinien, ohne Rückzug, ohne Unterwerfung ist vielen zu schwer. Was soll das sein? Da merkt man ja gar nicht, dass etwas Magisches geschieht. Wie – die Küche ist der mächtigste magische Ort? Blödsinn. Da wären ja alle Hausfrauen Magierinnen. Das wäre zu überlegen. Was kochen sie für die Menschen, die sie umgeben? Wie viel Wut, Frustration, Liebe, Heiterkeit, Angst, Bedrängnis, Lachen wandert über die zubereitete Nahrung in die Menschenkörper?

Das Haus: Das Haus, ich nenne es jetzt einmal Geisterhaus (spielerisch versteht sich), taucht aus dem Nebel des Dogmatismus auf, alles fällt jetzt ab. Es spielt keine Rolle mehr, wie die Luft riecht, ob getrommelt, gerasselt, geklatscht oder gesungen wird. Da ist die Energie, spürbar. Vielleicht geschieht etwas, was noch nie geschehen ist. Vielleicht entsteht ein Augenblick luzider Sicht auf alles zugleich.

Und auch hier lauert schon wieder die Gefahr der Versülzung, des Melodramatischen. Die Begegnung mit dem Spirituellen ist nicht »heilig«. Die vielen Schichten der Wirklichkeit sind unser Urgrund. Vielleicht haben wir vergessen, dass wir uns selbst aus vielen Schichten zusammensetzen, vielleicht durften wir es nie fühlen, vielleicht wurden wir dafür verachtet, für verrückt erklärt, doch ist es unsere Heimat. Mit der ursprünglichen Heimat in Kontakt zu kommen, braucht keine Dramatik. Heimkommen ist lustig, auch gemütlich, auch berührend – nie melodramatisch.

Die Mittel:

❊ Frauen, die auf der Spur der weisen Frauen sind, treffen sich. Sie bilden einen Kreis. Es gibt einen Redestab. Jede Frau spricht zehn Minuten lang. Wenn sie nichts zu sagen hat, schweigt sie. Der Stab bleibt zehn Minuten bei ihr, dann wandert er weiter. Jede hat zehn Minuten, keine darf eingreifen. Zehn Minuten, in denen Weisheit, Klage, Witze, Grübeleien gesprochen werden können. Alles eben, was eine gerade sagen muss.

❊ Die Entdeckung der Energie durch Rhythmus. Alle klatschen, trommeln, rasseln, stampfen und nehmen wahr, wie ihr Geist reagiert, wohin er wandert, was er hervorholt.

❊ Singen. Im Singen, Summen nehmen alle wahr, was jetzt geschieht, welche Räume geöffnet werden, welche Körperräume reagieren.

❊ Alle legen sich im Kreis. Entweder alle mit dem Kopf in die Mitte, die Hände berühren sich. Oder mit dem Kopf in den Schoß der nächsten hinter ihr (geht nur, wenn viele Frauen mitmachen). Alle nehmen wahr, was diese Berührungen mit ihnen machen.
❊ Alle gehen los, jede allein, um eine Begegnung in der Natur zu erleben. Ein Zeitraum wird festgelegt, nach dem alle wieder zurückkehren. Ein Zeichen wird ausgemacht, eine Glocke oder ein Pfiff, mit dem alle ihre Begegnung beenden. Nicht immer kommt es zu einer Begegnung. Wesentlich ist, dass sich keine unter Druck setzt, dass es im angenehmsten Sinn um nichts geht.

Kommunikation mit den Elementen

Wir wollten am 21. Dezember 2012, dem angeblichen Weltuntergang, ein Weltbekräftigungsfeuer machen. Um halb sechs abends stand ich am Bahnhof – es schüttete. In Bugarach, dem angeblich magischsten Ort der Erde, in dessen Berg eine Raumschiffgarage vermutet wird, schüttete es auch. Da werden die Außerirdischen keine Lust haben, die tropfnassen Menschenkinder in ihre schönen trockenen Raumschiffe reinzulassen. Ich weiß doch, wie das früher immer beim Trampen war: Wenn du nass bist, nimmt dich niemand mit.

Ich rief Martina an: »Wie ist das Wetter in München?«
»Es schüttet«, sagte sie.
Ich rief Doris an: »Ich komme nicht, es schüttet.«
Die Feuertüte raschelte: »Mach jetzt das Feuer!«
Ich rief Doris wieder an: »Ich komme doch.«
»Ich komme auch«, antwortete sagte sie.
In der S-Bahn wichen die Leute vor mir zurück. Sie sahen eine ältere Frau mit ei-

ner Papiertüte voll Gestrüpp, die ein Kleidungsstück nach dem anderen auszog. Das scheint irgendwie Angst zu machen. Es war mir natürlich zu warm, ich hatte mehrere Schichten Pullover und Jacken an.
Wir machten das Feuer wie früher an der schönen wilden Isar, unter der Brücke. Elf Frauen. Elf – die universelle Gerechtigkeit. Der Inhalt der Feuertüte brennt übrigens bei jedem Wetter: Papier, Reisig, Daxen, was eine im Wald so findet, und Bioanzünder. Es wurde ein wildes, schönes Feuer, wir sangen und jodelten, riefen und wünschten, sprangen übers Feuer und fütterten es mit Bärlappsporen, Kräutern, Räucherzeugs, Gin aus München und Enzian aus Berchtesgaden, den wir selbst auch selbst tranken, dazu Tee mit Rum, Glühwein, Schnaps, Kräutertee. Der Himmel klarte auf – es regnete nicht mehr.
Wir können Hilfsmittel ausprobieren, wir können eine Ritualstruktur festlegen, wir können mit magischen Gegenständen spielen, doch niemand wird mich davon überzeugen, dass wir all das brauchen. Bräuchten wir Trommeln, hätte die Natur uns bei unserer Geburt mit Trommeln ausgestattet. Bräuchten wir magi-

sche Amulette – so schön sie sind, so viel Spaß es auch macht, sie herzustellen und sie zu tragen –, wären wir mit ihnen geboren worden.
Wir wurden mit einem wunderbaren Körper geboren, der schon alles mitbringt: das Atmen, das Singen, das Trinken und Essen, die Bewegung, den Rhythmus und die Stille, die Erkenntnis und die Neugier, das Wissen und das Vergessen.
Wäre die Natur so dogmatisch wie viele von uns, die sich auf dem magischen Weg glauben, so würden wir weder atmen noch trinken, noch essen können, wir würden nicht leben. Die Natur würde uns nicht für bedeutend genug erachten, um sich überhaupt um uns zu kümmern.
Die Luft beatmet alle Wesen, die Erde nährt alle. Das Wasser fließt durch alle Körper und das Feuer brennt in allen. Wir sind gleich. Keine oder keiner ist besser, wichtiger, wertvoller. Ob es uns gefällt oder nicht, wir sind gleich. Ob jemand mehr weiß oder weniger, ob jemand viel Geld oder wenig Geld hat – wir sind gleich. Wir werden mit nichts geboren und gehen mit nichts aus dieser Welt.

Heilung

Im Sinn der weisen Frauen soll uns hier nur die Selbstheilung interessieren. Denn alle WunderheilerInnen, ProfessorInnen, ÄrztInnen, HomöopathInnen, NaturheilerInnen, HeilpraktikerInnen usw. vermögen nichts, wenn die Selbstheilungskräfte nicht anspringen. Sich auf sich selbst zu besinnen ist gar nicht so einfach, wenn es um ein Leiden, einen Unfall, eine lebensbedrohliche Krankheit geht. Schnell handeln ist das Gebot der Stunde. Und doch – diese Bestandsaufnahme, ohne Ratschläge der anderen, ohne Mahnungen und Warnungen, jetzt aber schnell was unternehmen usw., ist lebenswichtig. Denn wenn die Selbstheilungskräfte in Gang gebracht werden sollen, muss Klarheit über die Voraussetzungen da sein.

Es stimmt übrigens auch nicht, dass SchulmedizinerInnen grundsätzlich GegnerInnen von Personen sind, die ihren eigenen Heilweg finden wollen. Wenn sie merken, dass die entsprechende Person Verantwortung für ihren Weg übernimmt, ist alles ganz einfach.

Deshalb geht es bei einer Krankheit, bei einer körperlichen Krise in erster Linie darum, herauszufinden:

Was macht mich traurig?
Was macht mich glücklich?
Wie fühlt sich der Zustand dieser Krankheit/der Krise/ der Verletzung an?
Was signalisiert mir mein Körper?
Was möchte ich unternehmen?
Was möchte ich sein lassen?
Was möchte ich erfahren?
Was möchte ich nicht hören?
Wer fühlt sich in meiner Nähe gut an?
Wen will ich nicht sehen?

der energie auf den grund gehen

die ur-information

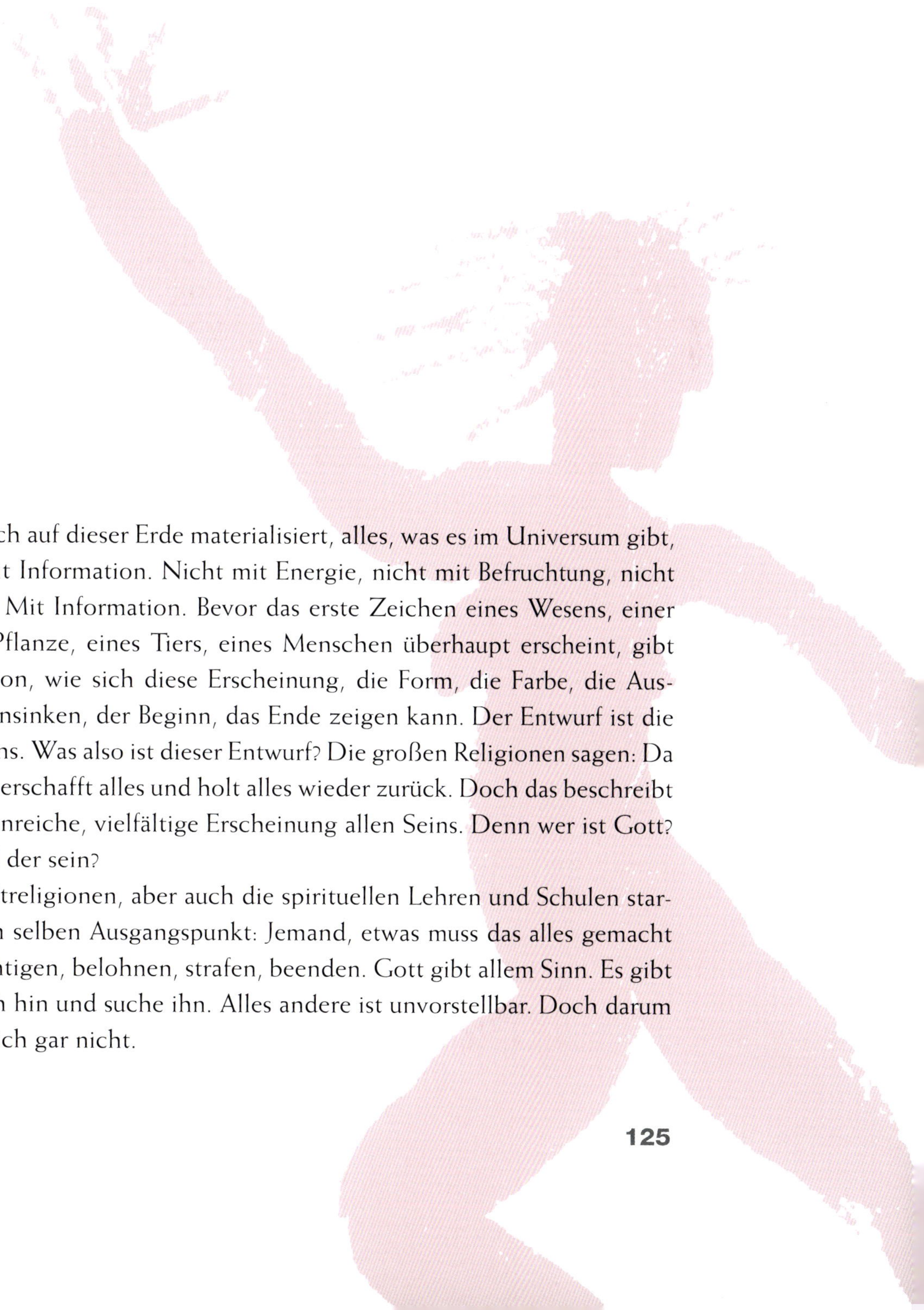

Alles, was sich auf dieser Erde materialisiert, alles, was es im Universum gibt, beginnt mit Information. Nicht mit Energie, nicht mit Befruchtung, nicht mit Zellteilung. Mit Information. Bevor das erste Zeichen eines Wesens, einer Materie, einer Pflanze, eines Tiers, eines Menschen überhaupt erscheint, gibt es die Information, wie sich diese Erscheinung, die Form, die Farbe, die Ausdehnung, das Einsinken, der Beginn, das Ende zeigen kann. Der Entwurf ist die Mutter allen Seins. Was also ist dieser Entwurf? Die großen Religionen sagen: Da ist Gott und der erschafft alles und holt alles wieder zurück. Doch das beschreibt nicht die facettenreiche, vielfältige Erscheinung allen Seins. Denn wer ist Gott? Wo und wie soll der sein?

Die großen Weltreligionen, aber auch die spirituellen Lehren und Schulen starten fast alle vom selben Ausgangspunkt: Jemand, etwas muss das alles gemacht haben, beaufsichtigen, belohnen, strafen, beenden. Gott gibt allem Sinn. Es gibt einen Sinn – geh hin und suche ihn. Alles andere ist unvorstellbar. Doch darum geht es womöglich gar nicht.

Es geht darum, die Ur-Information in jedem Wesen, jeder Pflanze, jedem Stein, jedem Tier, jedem Menschen zu entdecken. Es gibt keine Verallgemeinerung, obwohl es immer wieder so aussieht, als könne man Erscheinungsformen verallgemeinern, als gäbe es so etwas wie ein allgemeines Wissen, oder gar Allgemeinbildung. Es gibt nicht wirklich eine gesellschaftliche Ordnung, es gibt keinen Anhaltspunkt, wie mit allem umzugehen ist, denn aus der Verallgemeinerung löst sich das Besondere, das Erschreckende, die Ausnahme, das Unvorstellbare, das Grausame, das Unfassbare, und wir werden zurückgeworfen in die Hilflosigkeit.

Wir wissen nichts, wir glauben, dass wir ein paar gute Grundvoraussetzungen haben, um diesen Planeten und alles Leben darauf im Ansatz zu verstehen. Und weil wir denken, dass wir schon verstanden haben, worum es geht, fangen wir an einzugreifen, zu manipulieren, zu zerstören. Wir kommunizieren digital – und dann der Stromausfall. Wir versuchen einander zu verstehen – und dann bringt ein Mensch den anderen um. Wir glauben, dass wir sozusagen ein Recht darauf haben, in Frieden zu leben, was immer das ist. Wir leben mit Supertechnologie – und dann kommt ein Erdbeben, ein Tsunami und fegt alles weg. Weil wir uns schon so daran gewöhnt haben, möchten wir, dass das Leben geregelt und einigermaßen überschaubar ist, dass wir uns auf Gesetze und Regeln,

auf Jahreszeiten, auf die Berechenbarkeit der Elemente, auf die Sicherheit, die uns Regierungen versprechen, verlassen können. Wir haben Polizei und Militär und für die Feinarbeit SozialarbeiterInnen, ÄrztInnen, PsychologInnen. Fürs Grobe gibt's Gefängnisse. So weit, so wirkungslos. Nicht sicherer ist unser Leben auf dem Planeten geworden, sondern zerbrechlicher, bedrohlicher, unberechen-

barer. Wir warten auf den großen Knall und bemerken nicht, dass wir bereits im schleichenden Zersetzungsprozess agieren. Es gibt keine globale Lösung, es gibt keine Abwehrmaßnahmen, es gibt auch keinen Trost.
Es gibt nur eins: die Verbindung mit der Ur-Information in allen Dingen, in allen Erscheinungen, in allen Lebensformen. Nicht weil das unsere Rettung wäre, sondern weil es das Interessanteste ist, was es zu entdecken gibt.

Bevor ein Mensch geboren wird, findet eine erste Zellteilung statt. Die meisten von uns glauben, dass also die Befruchtung einer Eizelle durch Spermien der Beginn des Lebens ist. Doch wer sagt der Zelle, dass sie sich teilen soll? Wer sagt dem Spermafaden, dass er nur ein Ziel hat – die Wand der Eizelle zu durchbrechen? Wer sagt der Blume, dass sie aus einem Samen (Eizelle) wachsen, Wurzeln, Blätter, Blüten entwickeln und wieder absterben wird? Wer sagt dem jungen Hund, dass er bellen wird, nicht miauen? In der Ur-Information sind all diese Erscheinungsformen angelegt, doch das Spannende ist, dass sich verschiedene Informationsstrukturen verbinden und auch verändern können. Die Information, die eine junge Gazelle hat, kann auf eine Löwin überspringen. Hund und Katze können sich austauschen und befreunden. Mensch und Pflanze, Stein, Tier können eine Symbiose eingehen auf deren Grundlage die Pflanze, die eigentlich schon tot ist, blühen kann oder der Mensch, der tödlich verletzt wurde, wieder zum Leben erwacht. Wer kennt nicht die »Wunder«, von denen gelegentlich die Rede ist, die Erstaunen hervorrufen.

Umgekehrt gibt es auch den Schmerz, wenn Informationsstrukturen sich eng verbunden haben und auseinandergerissen werden. Wenn Paare sich trennen,

beschreiben sie manchmal, dass es sich anfühle, wie wenn ein Teil von einem selbst herausgerissen würde, und das ist ja tatsächlich so – nicht körperlich, sondern in der Feinstruktur der Persönlichkeit, nicht im Hirn, nicht in der Leber, nicht unter der Haut, nicht im Zellkern, nicht in den Mitochondrien, nicht in den Atomen, sondern noch tiefer im Inneren, da, wo die Ur-Information sitzt.
Wenn die Ur-Information die Sehnsucht nach Wachstum, nach Materialisierung ist, kann eine hungern, so viel sie will, sie wird nicht weniger, wird nicht dünner, verliert ihre Fettschicht nicht. Denn die Fettschicht ist ja genau, was die tiefe Sehnsucht produziert hat. Wir haben uns daran gewöhnt, gegen den Impuls dieser tief im Inneren arbeitenden Information anzuleben. Will sich diese Ur-Information, ich nenne sie mal Ur-Mutter, mit dem frischen Wachstum von, sagen wir, Kresse oder Meerrettich verbinden, dämpfen wir ihr Bedürfnis mit Schokolade, weil Schokolade den Zellen Ladidadidei-Energie gibt. Das fühlt sich mittelmäßig gut an und lässt den Ur-Hunger zurückweichen. Mehr Hunger. Mehr Schokolade. Oder Alkohol oder Drogen. Mehr Informations-Austausch-Bedürfnis: Fortbildung, Lernprozesse, Ausbildung, gesellschaftliche Anerkennung. Als ob es darum ginge!

Vor dem Tabaski-Fest im Senegal, dem höchsten muslimischen Fest, an dem so viele Ziegen geschlachtet werden, dass die Luft blutgetränkt nach Tod riecht, habe ich einmal beobachtet, dass auf einem Platz, an dem die Ziegen zusammengetrieben wurden, zwei Ziegenböcke einen Revierkampf austrugen. Während die weiblichen Tiere entweder ruhig und ergeben dastanden oder Fluchtmöglichkeiten suchten, was auch der einen oder anderen gelang, kämpften die beiden Böcke, indem sie ihre Hörner zusammenschlugen, als gäbe es nichts Wichtigeres zu tun.
Das ist genau unsere Situation. Während wir schon im Niedergang der menschlichen Kultur die Probleme gar nicht mehr bewältigen, die unser Leben bedrohen, zum Teil eben auch die Probleme, die wir ständig wieder neu schaffen, führen wir Revierkämpfe, Kriege, Konkurrenzkämpfe, versuchen, uns optimal in der Gesellschaft zu positionieren – um jeden Preis.

Derweil wird vergessen, dass in der Ur-Information entstehende Botschaften und Tatsachen diesem Kampf entgegenstehen. Denn egal wie reich, wie groß die Jacht, wie schön die Frauen – am Ende gibt das Kraftwerk auf, die Informationsstruktur zerfällt.
Es geht nicht darum, ewig zu leben. Es geht auch nicht darum, einen Spitzenplatz in der menschlichen Gesellschaft einzunehmen. Es geht eben nicht um Macht und Reichtum, weil das Makulatur ist, wenn Ur-Kräfte am Werk sind. Es geht darum, mit den Informationszentren anderer Wesen in Verbindung zu sein. Es geht tatsächlich nur um die Verbindung, weil sie die wahre Nahrung ist.

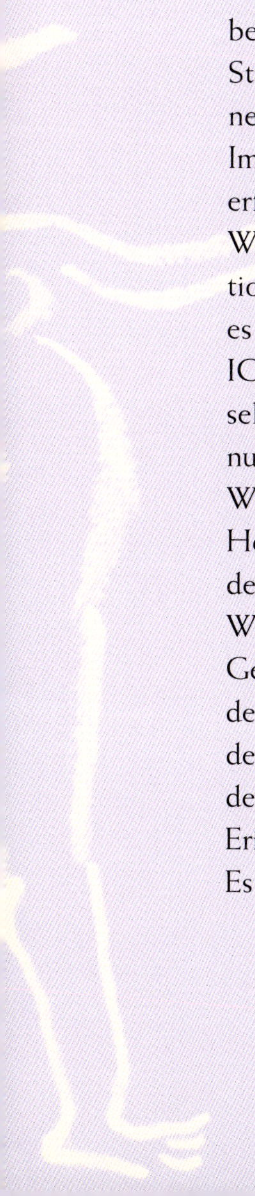

Wenn ich einen Baum betrachte, gibt er mir das Wesen seiner Form, seiner Farbe, seines Wachstums durch. Berühre ich seine Rinde, erfahre ich etwas über die Struktur, die den Baum mit Leben erfüllt. Steige ich aus der optischen Wahrnehmung aus, gehe ich ins Innere, in den gemeinsamen Atem, in den Tanz der Impulse, die hin und her springen, in die Zellinformation der Wurzeln, dann erfahre ich die Schwingung des Baums, seine Befindlichkeit, seine Träume, seine Wahrnehmung. Um das möglich zu machen, muss ich zuerst in die Zellinformation meiner eigenen Zellen gelangen. Zwar sind die Zellen in mir, also müsste es ja einen direkten Kontakt, eine direkte Verbindung zu dem geben, was ich als ICH empfinde, doch das ist nicht so. Das tiefe Wesen Mensch in mir ist verkapselte Information. Ich kann nicht zu meiner Haut sagen: bilde Warzen. Ich kann nur zusehen, wie aus irgendeinem Grund, den ich meistens nicht herausfinde, Warzen wachsen. Ich kann nicht erklären, wie mein Kreislauf funktioniert, das Herz schlägt, das Blut fließt, der Atem fließt und ich nehme es wahr und wundere mich.
Wenn ich in die Tiefe der Information meiner Zellen, meines Atems, meiner Gedanken einsinke, wird es nicht etwa enger, je tiefer ich sinke, sondern weiter, denn paradoxerweise ist der Weg nach innen zugleich der Weg in die Weite des Universums, ist die Wahrnehmung des Atems zugleich die Wahrnehmung des universellen Atems, ist das Erinnerungsvermögen meines Hirns zugleich die Erinnerung des Universums.
Es gibt keine individuelle Entwicklung ohne die Verbindung zum Schwingen der

universellen Energie. Wenn ich sie suche, finde ich sie nicht. Wenn ich mich sein lasse, fließt mir alles zu.

Wie aber lasse ich mich sein?

Ich löse mich von scheinbaren Wahrheiten und Überzeugungen.

Ich löse mich von der Gewohnheit, Stille zu übertönen.

Ich höre auf zu tun. Und da sagt ja schon der Volksmund: »Tu, was du nicht lassen kannst.« Tu *nur*, was du nicht lassen kannst, und im Umkehrschluss, was du lassen kannst, was du sein lassen kannst, musst du nicht mehr tun. Was kannst du sein lassen? Oder warum tust du, was du tust?

Ich muss essen, wenn ich überleben will? Ich kann essen, es kann gut sein, aber es kann auch hinderlich sein, wenn die Information diejenige in meinen Zellen überspielt. Wenn die Nahrung mehr Kraft kostet, als sie einbringt, wenn die Information der Nahrung meine eigene Ur-Information zerstört, kann essen störend sein.

Ich muss trinken, um meine Körpersäfte im Fluss zu halten? Haben wir nicht erlebt, wie von Erdbeben verschüttete Menschen vierzig Tage und mehr ohne Wasser überlebten? Ja, wir müssen trinken, einverstanden. Am besten Wasser, denn was wir sonst so alles trinken, ergibt oft ein ziemliches Durcheinander in den Zellen, im Hirn und sonstwo. Doch was passiert einem Menschen, der nicht trinken kann, nichts zu trinken hat?

In diesen seltenen Glücksfällen sinken die Menschen in die uralte Steuerung, über die wir keine Kontrolle haben. Jetzt übernimmt eine Wesenheit, die älter ist als wir selbst, die sich nicht von menschlichen Regeln und Gesetzen beeindrucken lässt. Sie ist in einer unverletzbaren Energiehülle eingebettet in jedes Wesen, in alles, was sich materialisiert. Und alle diese Urkräfte sind miteinander verbunden, können jederzeit Verbindung aufnehmen, ohne uns vorher zu fragen. Sie nehmen uns mit oder nicht, je nachdem, wie störrisch oder wie geschmeidig, wie sehnsüchtig oder dogmatisch wir sind.

Ich muss gar nichts. Ich bin frei. Ich kann wahrnehmen oder es sein lassen. Ich kann mich mit interessanter oder mit langweiliger Information anfüllen, ich kann sie wieder loslassen. Sicher ist, dass ich das erlebt haben muss: Ich kann tun und lassen, was ich will.

Diese Ur-Information habe ich zum ersten Mal bewusst erlebt als ich nach einem schweren Verkehrsunfall zerbrochen auf der Straße lag. Eine Schlagader war gerissen und pumpte Blut aus dem Körper. Ich wusste, ich würde verbluten oder an Schock sterben. Ich wusste auch, dass ich eine Bluttransfusion bekommen würde, sobald der Notarzt da war. Ich sank in die Tiefe meines aufgerissenen Körpers und stellte mir vor, dass ich diese Bluttransfusion jetzt schon bekam. Ich legte eine unsichtbare Nabelschnur zwischen meinem Blutkreislauf und der in der Zukunft liegenden Transfusion. Ich wusste, dass es in der nicht materiellen Wirklichkeit keine Vergangenheit, keine Gegenwart, keine Zukunft gibt. Alles ist da, bereit, sich mit allem zu verbinden. Der Sanitäter, der mir die Erstversorung legte, besuchte mich im Krankenhaus und sagte, er hätte nie gedacht, dass ich das überleben könnte, weil ich so viel Blut verloren hatte. Ich sagte, ich hätte die Transfusion, die ich später bekommen habe, schon mal imaginiert. »Das gibt's doch nicht«, sagte er.
Ist es nicht so viel spannender, was

es nicht gibt, was wir nicht wissen, was uns verborgen bleibt, als all das, was wir ständig eingeflößt bekommen?

Mit diesem fremden Blut, das in größeren Mengen in mich einfloss, kam auch eine neue Energie. Eben auch neue Information. Ich ging noch an Krücken, als ich einen Auftrag annahm, zur Gangesquelle auf viertausend Meter aufzusteigen. Wenig später reiste ich für eine Reportage nach Tibet und umrundete den Kailash. Die Passhöhe liegt bei knapp sechstausend Meter. Gerade zwei Wochen vorher war mir das Metall entfernt worden, das noch die Bruchstellen unterstützt hatte. In diesem Rausch der neuen Information ging ich auch zum Basislager des Everest, der Sagarmatha oder Chomolungma (Mutter des Universums). Je mehr sich diese fremde Information mit meiner eigenen vermischte, desto schwächer wurde der Impuls, auf besonders hohe Berge zu steigen.

Nun muss ich jedoch nicht alles körperlich in mich einlassen, was ich als Information einladen will, und das ist eben die große Kunst. Zwar tauschen indigene Völker Blut aus frischen Wunden aus, um sich mit der anderen Person zu verbinden, doch das ist ja nur der rituelle Überbau. Interessant ist, was dabei an energetischer Wirkung, an Informationsaustausch stattfindet. Energie und Information sind nicht an Materie gebunden, wenn wir es auch gewöhnt sind, über technische Mittel diese Informationen oder diese Energien wahrzunehmen, aufzunehmen.

Wie also gelange ich an Ur-Informationsquellen außerhalb meines Körpers? Indem ich diese Quellen innerhalb meines Körpers aufspüre. Bei diesem Kennenlernen sind äußere Impulse eher störend. Ich habe nie verstanden, warum Menschen Meditationsmusik hören wollen. Wer diese Musik hört, hört eben auch nur die Information, die sie mitbringt, und gelangt nur dorthin, wo diese Musik endet. Selbst Trommeln und Rasseln, die uralten Trancemittel, beschreiben nur einen ziemlich ausgetretenen Pfad, auf dem wir immer wieder dieselben (oft Klischee-)Erlebnisse haben. Hier hast du die Anleitungen, die Karte, das ist das Ziel und los geht's.

Wer sich von diesen Hilfsmitteln löst, findet sich in einem Labyrinth von Informationen, Impulsen, Tönen, Luftbewegungen, Zellwahrnehmungen wieder. Barfuß durch irgendeine Landschaft zu gehen, bringt zum Beispiel völlig andere

Informationen in den Körper ein, als mit Schuhen und bestens ausgerüstet einen Weg hinter sich zu bringen.
Wenn viele Menschen erkältet sind und husten, schnäuzen, niesen, ist der erste Impuls bei fast allen anderen: Nix wie weg hier. Nur nicht angeniest werden. Interessant ist dabei, dass auch völlig unspirituelle Menschen zu wissen scheinen, dass da nicht nur Feuchtigkeit in die Luft geschleudert wird, sondern auch Information. Wissenschaftler haben uns erklärt, dass diese Information Viren oder Bakterien sind. Das ist aber nur die halbe Wahrheit, denn in Wirklichkeit sind diese Kleinstlebewesen eben Informationsträger. Wer mit dieser Information gut umgehen kann, wer sie aufnehmen und loslassen kann, wird dann eben nicht krank. Da wieder sagt die Wissenschaft, das sei ein Zeichen von Immunkraft. Und doch ist es eher ein Zeichen für harmonische Informationsströme im System. Und da geht es eben nicht um Kampf, sondern um das Verstehen und Erfühlen der Information. Stellen wir uns die Welt der Kleinstlebewesen einmal wie einen Dschungel vor. Wir sind zwar die großen Wesen darin, die Riesen, doch die Kleinen bewegen sich in uns, bauen ihre Gemeinschaften auf, schwingen sich ein, träumen, tanzen. Dann fallen wir unbewusst und ungeschickt in diese kleine Gemeinschaft ein, verbreiten Giftstoffe und Kriegspropaganda, töten viele dieser kleinen Wesen, zerstören die Harmonie. Ist die Harmonie zerstört, beginnen die Kleinen zu kämpfen. Wir schlagen zurück. Wenn wir den Krieg gewinnen, haben wir ein anderes Problem: Wir haben die Informationsstruktur in unserem Inneren zerstört. Und so machen wir es auch im Außenraum.
Wie im Kleinen so im Großen, wie oben so unten, weiß schon die alte Magie der Menschen, die vor uns da waren.
Die Wahrnehmung der Ur-Information löst die Sehnsucht nach dem Sinn des Lebens auf. Denn was ist, was existiert, was nährt, was lehrt, muss nicht ersehnt werden. Wozu muss ich nach dem Sinn des Lebens suchen, wenn alles da ist und nur wahrgenommen werden muss? Warum muss ich einen Revierkampf, einen Konkurrenzkampf mit anderen austragen, wenn es Gewinnen und Verlieren gar nicht gibt?
Das englische Wort »loser« ist da interessant. Verlierer, Versager – der scheinbare Bodensatz einer Gruppe – sind die eigentlichen Gewinner. Denn sie können mit

Verlust umgehen. Mit dem Verlust von Zuneigung, mit dem Verlust von Macht. Lösen, auflösen, verlieren. Wer auflöst, krampft nicht mehr. Wer verliert, muss nicht mehr festhalten. Der Klammergriff löst sich, die Hände sind frei für neue Erfahrungen, zum Beispiel für Berühren. Wer am Boden ist, hat Kontakt mit der Erde. Der Zustand ist also in Wirklichkeit durchaus wohltuend. Wer die Erde und ihre Kraft als Verbündete hat, muss selbst keine Körperkraft einsetzen, um sich zu schützen. Wir erleben das zum Beispiel im Aikido, einer fernöstlichen Kampftechnik. Der Gegner streckt sich mit der eigenen Kraft nieder – man lässt ihn nah herankommen und tritt dann einen Schritt zur Seite, was ihn zu Fall bringt. Wenn ich die Kraft, die Information der anderen Person abfragen kann, noch ehe sie der Person selbst bewusst ist, muss ich kaum selbst Energie aufbringen, um mich zu schützen. Wenn ich die Informationen nicht verbal erfahre, sondern aus den tieferen Quellen, weiß ich, was eine Person will und tun wird, ohne mich überhaupt unterhalten zu müssen.

Bei uns wird das Hellsichtigkeit genannt und als Blödsinn abgetan. Und doch findet alles auf dieser Ebene statt. Die körperlichen Reaktionen sind ja nur die unbewussten Zuckungen, die Ableitung der Energie, die diese Information freisetzt.

Auf den Baum der Schamaninnenmutter steigen

In der spirituellen Tradition der nördlichen Gebiete dieser Erde, also in Sibirien, Norwegen, Finnland, Schweden, in Kamtschatka, im Himalaya, z. B. bei den Hunza, und auch bei den Urvölkern Japans, bei den Jomon und Ainu, gibt es schamanische Einweihungen, die das Besteigen des SchamanInnen-Baums beinhalten, auf dem eine angehende Schamanin, ein angehender Schamane die eigene Kraft und seine Tierverbündeten kennenlernt. Die SchamanInnenmutter ist die Hüterin der Tiere. Keine Schamanin, kein Schamane kann ohne Helferwesen, ohne Tierverbündete die Seelenreise antreten, die nötig ist, um in den anderen Seinsebenen Menschen zu finden, die sich darin verloren haben, die krank wurden, die an der Grenze des Todes stehen. Der SchamanInnenmutter zu begegnen und diese Begegnung auszuhalten, ist ein wesentlicher Bestandteil der Initiation in die schamanische Kraft.
Diese Reise auf den SchamanInnenbaum kann allein oder mit Begleitung unternommen werden. Wenn mehrere auf diese Reise gehen, kann eine Frau den Weg ansagen, während die anderen der Wegbeschreibung folgen oder ihren eigenen Weg gehen. Auch Trommeln und Rasseln kann den Weg auf den Baum begleiten. Geht eine allein, kann sie entweder liegen und träumen, tanzen und trommeln oder rasseln. Zuerst werden die ersten Äste begutachtet: Wer oder was begegnet mir, dann steigt man immer weiter hinauf und nimmt jede Begegnung, jedes Hindernis, jede Unterstützung wahr. Oben bei der Schamaninnenmutter angekommen, wird sie Fragen stellen oder etwas fordern. Vielleicht lacht sie. Vielleicht ist sie schlecht gelaunt. Beherzt das zu sagen, was man wünscht oder erforscht, ist eine gute Idee. Zum Ende der Reise wird die Kraft geprüft. In der Trance gilt das Gleiche wie im Leben: Jede tut nur das, was für sie gut ist. Wenn eine nicht springen will, springt sie nicht. Wenn sie nicht singen will, singt sie nicht. Wenn sie ein Geschenk nicht annehmen will, nimmt sie es nicht.

die steine der feen bergen die kraft der wilden frau
die nicht allein frau sondern ein ganzes universum ist
auf dem weg zur eigenen kraft geht jede zu dem ort der sie heiter stimmt
an dem sie staunen und wunder findet
an dem das herz aufgeht
an dem sie glücklich ist
vogelwild ist der zustand der glückseligkeit
nichts weniger
denn bei sich selbst ankommen ist glückseligkeit
und glückseligkeit ist die urkraft
das unglück in der welt ist kein grund
die eigene glückseligkeit nicht zu wagen
sie breitet sich aus steckt an will wachsen
worte rufen wirklichkeit
auf dem weg zur quelle deiner kraft wirst du gewahr
was du wünschst kannst du rufen
was du rufst kommt
was gekommen ist kannst du ehren und leben

vogelwild glückselig sein
göttinnenkraft

Die Göttin ist überall, wo es Frauen gibt. Die Göttin ist das Prinzip des Lebens. Ohne die Göttin, ohne Geburt keine Menschen. Sie lebt als Energie in jeder Frau. Sie regt an, provoziert, erheitert, ermuntert, bekräftigt, ermutigt jede Frau. Sie genießt (Venus), sie nährt und lebt ihre Lust (Ishtar), sie verkörpert die Elemente (Oya, Mami wata, Pele, Gaia, Iris), sie verkörpert Sonne und Mond (Sul, Luna), sie ist kämpferisch (Gullveigh), sie ist zornvoll (Palden Lhamo, Kali), sie ist die alte Kornmuhme, die über die Erde wacht (Babajaga), sie ist die Erde (Gaia), der Tod (Hel), die Gerechtigkeit (Maat), die Träumerin (Schmetterlingsfrau), die Hüterin der Tiere (Diana), die Bärin (Artio, Artemis), die Füchsin (Inara), sie ist die Weisheit (Sophia), die Hüterin des Wissens (Akka), die Hüterin der Seelen (Rusalka), sie ist die Löwin (Sekhmet) und die Skorpionin (Selket), sie ist die Schlange (Manasa) und die Unterwelt (Ereshkigal), die ist die wilde Kraft des Meeres (Tiamat) und die Gestaltwandlerin (Hekate).
Es geht nicht darum, eine Göttin irgendwo im Himmel zu verehren, Rituale zu erfinden, die so präzise sein müssen, dass man Stress bekommt. Es geht darum,

die Kraft der Göttin in vielen Facetten zu leben. Solange die Frauen diese Kraft lebten, leben konnten, war alles gut. Dann wurde den Frauen verboten, göttliche Energie in sich wahrzunehmen und zu leben. Das Entzücken war nicht mehr im Inneren, es wurde im Äußeren hergestellt und eifersüchtig bewahrt. Nicht jede/r durfte diese Kraft fühlen. Gesänge, Tänze, Schritte, Priesterinnen, Priester, Schülerinnen, Jünger, Eingeweihte – die Lehre, das Dogma ersetzte das Entzücken.

Doch alle Quellen sind wieder zugänglich, alle Energien spürbar. Es geht nicht mehr um Hierarchien, um Macht, um Ruhm, um Vorherrschaft. Es geht ums Wahrnehmen, alle Sinne öffnen, die Elemente spüren, verstehen lernen, Kommunikation mit allen Wesen wagen. Welchen Stellenwert hat die Göttin da? Sie ist überall. Sie ist da, ob du sie rufst oder nicht, sie ist der Planet, wir leben auf ihr, in ihr, mit ihr. Sie nährt uns, trägt uns, gibt uns die lebendigen Impulse, die wir brauchen, um glücklich zu werden. Sie ist Teil von uns. Wenn wir sie nicht leben, existiert sie nicht. Wenn wir die Erde zerstören, zerstören wir auch die Göttinnenkraft – zerstören wir uns selbst.

Jede Frau ist auch Göttin, zornvoll, kreativ, inspiriert oder manchmal eben auch gefangen, wie gelähmt von dem Irrenhaus, in das sich die Welt verwandelt. Die Göttin in jeder Frau ist die Wandlerin, die lebendige Kraft, die Nährende, die Erfinderin, die Erneuerin, die Träumerin.

Göttinnenritual

Die Frauen, die an diesem Ritual teilnehmen wollen, bereiten sich vor, jede bringt eine oder zwei Göttinnen mit. Zuerst stellt jede die von ihr gefundenen Göttinnen vor und erzählt von ihnen. Dann beginnt der Kreis der Frauen, die Namen dieser Göttinnen zu singen. Zum Schluss wird gesummt und vielleicht mit einem Juchzer das Singritual beenden.

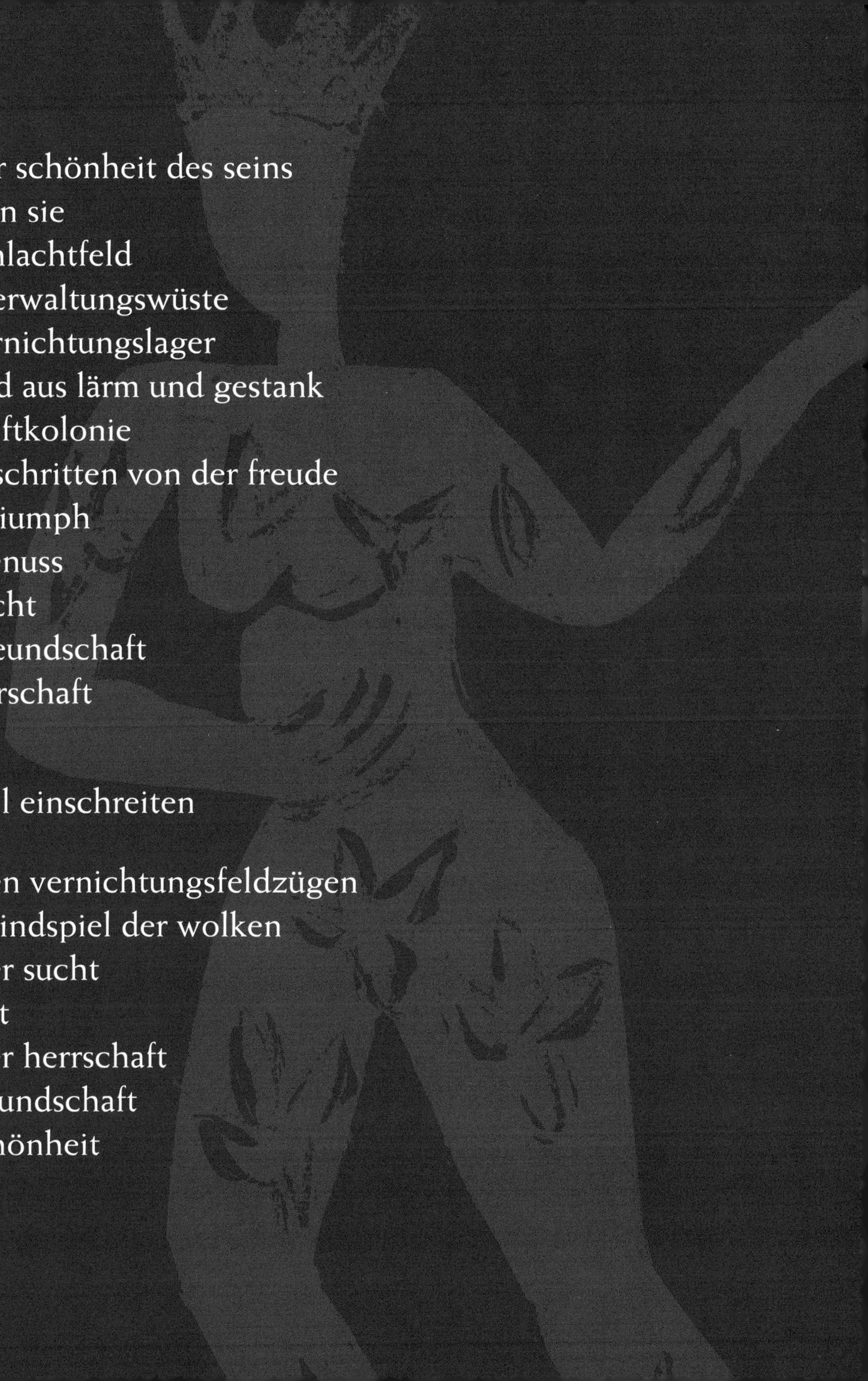

aus der schönheit des seins
machen sie
ein schlachtfeld
eine verwaltungswüste
ein vernichtungslager
ein feld aus lärm und gestank
eine giftkolonie
fortgeschritten von der freude
zum triumph
von genuss
zur sucht
von freundschaft
zu herrschaft

ich will einschreiten

von den vernichtungsfeldzügen
zum windspiel der wolken
von der sucht
zur lust
von der herrschaft
zur freundschaft
zur schönheit

starke frauen
vorbilder, leitbilder

Brauchen wir denn überhaupt Vorbilder? Wollen wir uns nicht von der Bewunderungs- und Verehrungskultur lösen? Es geht nicht um Bewunderung, es geht darum, zu sehen, wie andere Frauen ihr Leben, ihre Überzeugungen, ihre Visionen umgesetzt haben.

Die gängigen Vorbilder für Frauen bewegen sich zum größten Teil in Familien, in Liebesbeziehungen, in Ehen, die mal schwierig sind und dann aber gelingen. Unzählig die Romane, die Filme, in denen Frauen leiden, gequält werden, gefoltert werden, in denen Männer Frauen betrügen und belügen, doch am Ende geht alles »gut« – die Frauen versöhnen sich mit ihren Peinigern oder werden von einem sympathischen, tapferen Helden »befreit«. Ob wir diese »Vorbilder« wollen oder nicht – sie springen uns praktisch aus allen Medien an.

Wie wohltuend selbst ein Film wie »Thelma und Louise« ist, bei dem am Ende die Frauen in den Abgrund fahren, ohne sich jedoch von Männern zur Vernunft überreden und einfangen zu lassen! Die unterschiedlichsten Frauen lieben den Film »Grüne Tomaten«, der immerhin Hackfleisch aus dem Peiniger macht.

Das zeigt natürlich auch, wohin die Träume und Sehnsüchte von Frauen fließen: Wenn sich die Romantik nicht erfüllen will, werden Frauen rabiat. Die angestauten Aggressionen richten sich interessanterweise oft gar nicht gegen den Mann, sondern gegen andere Frauen. Vorbilder von starken, interessanten, mutigen Frauen können Frauen durchaus anregen, von der Romantikschnulze umzusteigen auf ein beherztes Leben, in dem durchaus manches schiefgehen kann, doch in dem Mut, Neugier, Unternehmungslust, Lebenslust immer wieder neu aufgebaut werden – nicht für andere, sondern für sich selbst.
Natürlich kann ich hier nicht alle Frauen nennen, die Spuren in der Geschichte der Menschen hinterlassen, die Veränderungen bewirkt haben. Ich nenne spontan und ungeordnet all die Frauen, die mein Leben auf vielfältige Art bereichert haben, und werde sicher nicht alle berücksichtigt haben – work in progress:

Diese Frauen geben mir Impulse – work in progress:
Veleda, germanische Seherin
Völva, germanische Seherin und Zauberin
Thusnelda, germanische Fürstin
Akante, deutsche Frauenrechtlerin aus dem Mittelalter
Lysistrate, griechische Frauenrechtlerin
Europa, griechische Göttin
Boadicea, britische Kriegerin
Kassandra, griechische Seherin
Arachne, griechische Göttin
Hilma af Klint, schwedische Malerin, Erfinderin der abstrakten spirituellen Kunst
Arundathi Roy, indische Schriftstellerin, Aktivistin, Feministin und Globalisierungskritikerin
Adelheid, deutsche Kaiserin
Jutta von Sponheim, deutsche Mystikerin und Lehrerin
Libuše und ihre Schwestern Kazi und Teta, tschechische Fürstinnen
Sappho, griechische Dichterin
Artemisia Gentileschi, italienische Malerin
Angelika Kauffmann, deutsche Malerin
Maria Sibylla Merian, deutsche Malerin und Dichterin
Prinzessin Therese von Bayern, deutsche Schriftstellerin und Reisende
Maria Theresia, österreichische Kaiserin
Lady Godiva, keltische Königin
Irmingard von der Insel Frauenchiemsee, deutsche Äbtissin, Heilerin und Mystikerin
Douceline, Beginenhausgründerin
Macha, irische Kriegerkönigin
Kubaba, Stadtkönigin von Karkamesch
Arinitti, hettitische Königin
Die Prinzessin vom Ukok Plateau, mongolische Fürstin
Die Hexe von Endor
Die zwei keltischen Fürstinnen vom Oseberg-Schiff

Eve Ensler, amerikanische Feministin und Schriftstellerin
Alice Schwarzer, deutsche Publizistin und Feministin
Heide Göttner-Abendroth, deutsche Matriarchatsforscherin
Louise Bourgeois, französische Künstlerin
Niki de Saint Phalle, französische Künstlerin
Edith Sitwell, englische Schriftstellerin
Gertrude Stein, US-amerikanische Schriftstellerin
Lou Andreas-Salomé, deutsche Schriftstellerin
Else Lasker-Schüler, deutsche Dichterin
Hilde Spiel, deutsche Dichterin
Erika Wisselinck, deutsche Philosophin und Schriftstellerin
Gabriele Meixner, deutsche Frauenforscherin und Schriftstellerin
Verena Stefan, deutsche Schriftstellerin und Dichterin
Ute Schiran, deutsche Schamanin und Schriftstellerin
Cambra Skadé, deutsche Schamanin und Schriftstellerin

Margarete Petersen, deutsche Künstlerin und Dichterin
Agnès Varda, französische Filmemacherin
Margarethe von Trotta, deutsche Filmemacherin
Lina Wertmüller, italienische Filmemacherin
Gerda Weiler, deutsche Matriarchatsforscherin und Schriftstellerin

Marija Gimbutas, amerikanische Archäologin und Schriftstellerin
Z Budapest, ungarisch-amerikanische Schriftstellerin und Zauberin
Charlotte Black Elk, amerikanische Anwältin, Angehörige der First Nations
Susan Sontag, amerikanische Philosophin und Schriftstellerin
Annie Leibovitz, amerikanische Fotografin
Nancy Spero, amerikanische Künstlerin und Feministin
Ulrike Rosenbach, deutsche Künstlerin
Rosemarie Trockel, deutsche Künstlerin
Angela Hampel, deutsche Künstlerin
Paula Modersohn-Becker, deutsche Malerin
Gabriele Münter, deutsche Malerin
Jenny Holzer, amerikanische Künstlerin
Judy Chicago, amerikanische Feministin und Künstlerin
Ana Mendieta, amerikanische Feministin und Künstlerin
Eva Hesse, deutsche Künstlerin
Agnes Martin, amerikanische Künstlerin
Rebecca Horn, deutsche Künstlerin
Anna Sherbany, englische Fotografin
Hannah Arendt, deutsche Philosophin
Dorothy Parker, amerikanische Schriftstellerin
Jane Bowles, amerikanische Schriftstellerin
Dacia Maraini, italienische Feministin und Schriftstellerin
Luce Irigaray, französische Psychoanalytikerin und Kulturtheoretikerin
Emma Goldman, amerikanische Anarchistin, Feministin und Schriftstellerin
Susan B. Anthony, amerikanische Frauenrechtlerin
Isabelle Eberhardt, schweizerische Reisende, Dichterin, Schriftstellerin
Alexandra David-Néel, belgische Buddhistin, Schriftstellerin, Reisende
Oumou Sy, senegalesische Modemacherin, Gründerin des ersten Internetcafés Afrikas
Zaha Hadid, irakische Architektin
Angela Davis, amerikanische Menschenrechtsaktivistin und Schriftstellerin
Jeanette Winterson, britische Schriftstellerin
Meredith Monk, amerikanische Sängerin, Komponistin und Künstlerin
Laurie Anderson, amerikanische Musikerin und Performancekünstlerin

Yoko Ono, japanische Allroundkünstlerin
Irène Schweizer, schweizerische Jazzmusikerin
Adele, britische Sängerin
Billie Holiday, amerikanische Sängerin
Elfriede Jelinek, österreichische Schriftstellerin
Isabel Allende, argentinische Schriftstellerin
Sarah Wiener, österreichische Köchin
Beth Ditto, amerikanische Sängerin
Jutta Kleinschmitt, deutsche Rallyefahrerin, mehrfache Siegerin der Rallye Paris-Dakar
Nokia Traoré, Sängerin aus Mali
Liesl Karlstadt, bayrische Komödiantin
Bally Prell, bayrische Sängerin
Herlinde Koelbl, deutsche Fotografin, Journalistin, Filmemacherin, Schriftstellerin
Kiki Smith, amerikanische Künstlerin
Jill Cook, britische Kuratorin
Fatmire Bajramaj, deutsche Fussballerin kosovo-albanischer Herkunft
Angela Merkel, deutsche Bundeskanzlerin
Eva Mattes, deutsche Schauspielerin
Maria Sabine Augstein, Rechtsanwältin
Pina Bausch, deutsche Tänzerin, Choreographin, Regisseurin
Katharina Thalbach, deutsche Schauspielerin
Annamirl Bierbichler, deutsche Schauspielerin
Pussy Riot, russische feministische Popgruppe
Tracy Chapman, amerikanische Sängerin und Songwriterin
Tracey Emin, britische Künstlerin
Madonna, amerikanische Musikerin
Joan Baez, amerikanische Folksängerin
Pipilotti Rist, schweizerische Künstlerin und Feministin
Seyran Ates, türkische Anwältin und Frauenrechtlerin
Inea Gukema-Augstein, Künstlerin
Carola Rackete, Kapitänin der Sea-Watch
Jacinda Ardern, Premierministerin von Neuseeland
Greta Thunberg, Klimaaktivistin
Megan Rapinoe, Kapitänin des US-amerikanischen Fussballnationalteams

Grandmothers for Peace, New York, amerikanische Großmütter, die seit mehr als zwanzig Jahren in New York für Frieden demonstrieren

The thirteen Grandmothers, amerikanisch indigene Großmütter, die ein spirituelles Netzwerk für den Frieden gegründet haben

Mütter gegen Atomkraft, deutsche Frauengruppe

Und viele andere

Ritualsalon

Einmal im Monat treffen sich Frauen, die bei diesem Ritualkreis mitmachen wollen. Jedes Mal stellt eine andere Frau eine Frau ihrer Wahl vor, deren Kraft, deren Leben sie interessant oder bestärkend findet. Wenn die Vorstellung und das Gespräch beendet sind, wird zusammen gegessen und getrunken.

die freche frau

siehst du die
das ist eine ganz schlimme
ein freches luder
spuckt aus wenn ihr jemand blöd kommt
ich glaube die frisiert sich nicht
anstatt zu duschen
springt sie in einen see
und schwimmt mit den fischen
macht sie einen fehler so sagt sie
ich kann mir einfach nichts übelnehmen

konversation hat sie auch nicht drauf
sie sagt was sie denkt und tut was sie sagt
und liebt was sie tut.
sie sagt es geht ums glück
warum sollte eine sich sonst
dieses Leben antun
sie erwartet nichts weniger als das wunder
und erlösen will sie auch niemanden
sie will nicht nützlich sein nicht helfen nicht lindern
und doch kann sie eine heilsame gefährtin sein
sie unterschreibt keine aufrufe
sie betreibt keine flickschusterei am kaputten system
unverschämt ist die

niemand kann dich befreien
das musst du schon selber tun
von mir kannst du nichts lernen sagt sie
du weißt schon alles – erinnere dich!

Ich werde nicht mehr gebraucht, ich habe keine Funktion mehr

Schön für dich. Jetzt bist du endlich frei und kannst hineinspüren, was außer Pflichtgefühl sonst noch so in dir ruht. Das letzte Drittel des Lebens ist der Entspannung und der Entdeckung der ureigenen Kraft gewidmet. So wird es zur Abenteuerreise in Gebiete, die in der Kindheit, in der Jugend, im aktiven Erwachsenenalter nicht erforscht werden können, weil das Bewusstsein/die Zeit fehlen.

Ritual: Wie bin ich, wenn ich mich in niemandem spiegle, wenn ich es niemandem recht machen will? Zu dieser Forschungsreise verlässt die kluge Frau die altbekannte Umgebung. Fremd erforscht sich das Unbekannte besser. Die Reise soll gut vorbereitet sein. Eine will vielleicht im Zelt schlafen, eine andere braucht wenigstens für die Nacht ein gemütliches Hotel. Finde heraus, was du für deine Abenteuerreise in die eigene Kraft brauchst, und organisiere sie entsprechend. Drei Tage könnte diese Reise dauern, so lang, wie Initiationsrituale eben dauern.

Die Reise kann zu mehreren gemacht werden, in diesem Fall würden sich alle abends treffen und Ergebnisse austauschen, um dann vielleicht noch einmal loszuziehen. Idealerweise ist es jedoch eine Reise, die allein in die eigene Kraft unternommen wird.

Die Flucht ins Ehrenamt

Schön und lobenswert ist es, ehrenamtlich zu arbeiten. Das tun Frauen gern und oft. Doch noch wichtiger ist es, für die eigene Arbeit, für das eigene Engagement auch einmal etwas zu fordern. Die Menschen, die nämlich immer andere auffordern, sich sozial und selbstlos zu verhalten, verdienen reichlich Geld in ihren Jobs. Im Alter, wenn die Kinder ihr eigenes Leben führen und die Mutter sich plötzlich so allein fühlt, bietet es sich an, die Kraft anderen zu schenken. Doch bevor das ganze Leben für andere verpulvert wird, lohnt es sich, innezuhalten und ein Resümee zu ziehen: Was ist mein Leben?

Ritual: Trage zusammen, was du kannst, was du liebst, wie du dich siehst, was du an dir selbst magst, was du gerne machen willst, welche Rätsel und Geheimnisse du ergründen willst. Schreib alles auf, am besten in ein schönes Heft, das du selbst gestaltest.

Was ist dir heilig?

Gern machen sich Menschen über andere lustig, denen etwas so heilig ist, dass Orte dafür gestaltet werden. Doch das Heilige ist eine lebenswichtige Kraft. Bei Männern ist es halt oft Fußball oder das Auto. Für Frauen sind vielleicht andere Rituale und Dinge wichtig.

Ritual: Einen Ort für das Heilige gestalten. Das kann eine Ecke im Zimmer, auf der Kommode, auf dem Nachtkästchen sein oder ein Schrein im Garten, im Wald, in dem all das vorkommt, was als heilig empfunden wird. Es kann auch eine Collage sein, in der das Heilige, das Schöne, das Wunderbare eingearbeitet ist.

Die Magie des Alters

Ins Meer der Träume eintauchen, aus dem Alltag aussteigen und die Traumzeit erkunden – je älter eine wird, desto mehr Zeit kann es dafür geben. Tagträumen, Wahrnehmungswanderungen, bei denen die Schönheit der Natur wahrgenommen wird, Meditationen über einen Begriff – Wahrheit, Abhängigkeit, Schönheit usw. – führen in die magische Kraft der weisen Frau.

Ritual: Im Kreis kostbarer Dinge des Lebens die Schönheit benennen. Bilde einen Kreis aus Dingen, die dir kostbar und wichtig sind. Setz dich

in den Kreis. Nun sprich all das aus, was in deinem Leben Bedeutung hat, was dich nährt, lehrt, schützt.

Abschied

Älter zu werden bringt es mit sich, dass eine sich von Kräften, Menschen, Situationen verabschiedet, die im eigenen Leben einfach keinen Platz mehr haben, die nicht mehr passen. Das Ritual ist so schmerzhaft wie befreiend.

Ritual: Bindungen lösen. Stell dich mit einer Schere in einen Kreis der aus Steinen oder Hölzern, aus Geschirr oder Kleidungsstücken gebildet werden kann. Dreh dich jetzt langsam um die eigene Achse, schneide in der Luft unsichtbare, aber fühlbare Bindungen auf und sprich aus, dass du dich von ihnen verabschiedest.

Es geht um nichts mehr

Die närrische Alte erlaubt es sich, aus der Rolle zu fallen. Was würdest du nie tun? Was erscheint dir peinlich, lächerlich, unaussprechlich?

Ritual: Gestalte einen Tag mit Handlungen, die gewöhnungsbedürftig sind, oder mach alles verkehrt herum, frühstücke abends, taste dich mit geschlossenen Augen durch die Wohnung, geh in ein Geschäft oder ein Café, in dem du noch nie warst, erkunde einen Stadtteil oder eine Gegend, in dem/in der du noch nie warst, zieh Kleidung an, die du nicht magst. Probiere aus, wie es sich anfühlt, ein Tabu zu brechen.

In Bewegung bleiben

Im Alter wird man angeblich unbeweglich. Blödsinn. Mag sein, dass es Menschen gibt, die alte Leute am liebsten im Altersheim sehen, das ist kein Grund für eine alte Frau, nicht aufs Blech zu hauen.

Ritual: Tanz zwischen den Wirklichkeitsebenen. Trommle ein paar Freundinnen zusammen oder schließe dich einer Tanzgruppe an, in der du im geschützten Raum zu Musik, die du magst, oder zu Trommelklängen Bewegungen ausprobieren und neue Seinszustände erfahren kannst.

Geh dahin, wo du was zu lachen hast

Ja, das Leid der Welt lastet auf uns – darf man lachen, wenn Krieg ist, Menschen verhungern, sterben? Du kannst es nicht ändern? Du bist nicht verpflichtet, deshalb in Depression zu verfallen. Das hilft niemandem.

Ritual: Triff dich mit Freundinnen zu einem Lach-Kreis. Denkt euch peinliche Situationen aus, oder Situationen, in denen (politisch unkorrekt womöglich) Mächtige lächerlich gemacht werden. Wenn euch nichts einfällt, fangt einfach künstlich zu lachen an, irgendwann läuft's von allein.

Es war nicht die Schneekönigin, es war der Eismann

Wie oft musstest du dich darüber ärgern, dass Frauen erniedrigt, verletzt, klein gemacht, diffamiert wurden! Wir merken es im Alltag gar nicht mehr, dass Frauen immer noch – obwohl die deutsche Sprache drei Artikel hat – männlich benannt werden.

Ritual: Nimm dir eine Zeitung vor und benenne alle Männer und alle Männerberufe weiblich. Das ist extrem irritierend. Markiere alle Formulierungen, die Frauen herabsetzen.

Trink nicht aus der vergifteten Quelle

Selbsthass kommt bei Frauen häufiger vor als bei Männern, im vorauseilenden Gehorsam wird die Verantwortung, später auch die Schuld für alles Mögliche übernommen. Sogar Frauen, die Opfer von Übergriffen wurden, sagen oft: »Ich war selbst schuld!« Die Demütigung wird vorweggenommen: »Ich bin ja blöd, ich wusste natürlich wieder nichts usw.« Da man den Druck nicht aushalten kann, wird fleißig gejammert. Am liebsten bei Freundinnen. Sentimentalität und Hinwendung zu Selbstvorwürfen ersetzen Wahrnehmung und Beherztheit. Es gibt kein Gesetz, das von Frauen verlangt, sich selbst in den Rücken zu fallen.

Ritual: Ich stehe zu mir. Entweder in einem Kreis mit anderen Frauen oder allein vor dem Spiegel wird bekräftigt, wie eine sich selbst stützt und stärkt.

Ab ins Irrenhaus

Da liegt die Kraft begraben. Der Mythos von der Hysterie bringt immer noch Frauen in die Psychiatrie, zieht ihnen den Boden unter den Füßen weg. »Du bist ja verrückt, du gehörst ins Irrenhaus«, ist nach wie vor ein beliebter Spruch von Männern, die ihre Frauen nicht mehr verstehen oder denen die Frauen lästig werden. Auch die Kinder greifen manchmal ihre Mütter an, wenn sie sich von der unauffälligen Service-Einrichtung zur wütenden Megäre verwandeln.

Erstmaßnahme: Eine Freundin anrufen und Unterstützung suchen. Auch der Frauennotruf kann wichtig werden, wenn eine Frau in der Familie oder außerhalb angegriffen wird. Dass eine Frau nicht verstanden wird, heißt nicht, dass sie verrückt ist. Nicht die Frau ist verrückt, sondern die Gesellschaft, in der sie lebt (in Abwandlung des Spruchs von Rosa von Praunheim). Es kann lebenswichtig werden, mehr vom Spinnen und Weben zu lernen und das eigene Spinnen zu ehren, anstatt die eigene Kraft selbst zu brechen. Wird eine Frau als »verrückt« bezeichnet, ist das Wichtigste: Ruhe bewahren. Unterstützung suchen. Den Ort der Demütigung verlassen.

Warum aus dem Frosch kein Prinz wurde

Die Zeit der weisen Alten ist die Rückkehr zum Frosch, zur Natur, zu beglückenden Erlebnissen mit Elementen, Pflanzen, Vögeln und anderen Tieren. Der Prinz hat zu viel Kraft gekostet. Jetzt kann sich die weise Frau entspannen. Die Zeit der Reproduktion ist vorbei, die Gemeinschaft mit einem Mann kann, wenn überhaupt, freiwillig und erfreulich entstehen.

Ritual: Ein Naturtagebuch mit Beobachtungen, Zeichnungen oder Fotos anlegen.

Im Magnetfeld der Angst

In der Zeit der Weisheit wird uns langsam klar, wie wir ein Leben lang kontrolliert und beschnitten wurden: mit Angst. Angst vor dem Alleinsein, Angst vor Gefahren aller Art, Angst vor Kriegen, vor Umweltzerstörung, vor Klimawandel, vor dem Autoverkehr, vor dem Fremden, vor Geistern und anderen Wesen.

Angst macht uns manipulierbar. Einsamkeit wird gern als größte Drohung eingesetzt. Selbst Frauen, denen ihre Familien gründlich auf die Nerven gehen, die ein halbes Leben lang erlebt haben, wie ihre Kraft durch andere gebrochen wird, fürchten sich vor Einsamkeit. Und doch ist All-Eins-Sein die Voraussetzung für vollkommene Glückseligkeit.

Ritual: Sag es dem Schatten. Stell dich in der Sonne auf eine Wiese, auf eine Wegkreuzung oder Waldlichtung. Steh so, dass du den Schatten sehen kannst. Klage dem Schatten dein Leid. Sprich alles aus, was dich wirklich belastet, was du nicht einmal deinen vertrautesten Menschen sagen würdest. Wenn alles gesagt ist, sprich aus, was dich stärkt. Versprich dir, bei dir zu bleiben und deine Bedürfnisse in den Mittelpunkt zu stellen, bevor du anderen hilfst, zuhörst.

Zeichen und Wunder – Zeiten und Wunden

Zeichen und Wunder wurden im Leben der meisten Menschen durch Zeiten (Zeitpläne) und Wunden ersetzt. Jetzt geht es darum, Zeichen wieder zu erkennen und Wunder wahrzunehmen.

Ritual: Geh so weit, wie deine Fantasie reicht! Reise zu den geheimsten Wünschen, zu den entferntesten Zielen – zuerst in der Fantasie, dann in der körperlichen Welt. Erfülle dir einen Wunsch!

Der Körper – der unbekannte Planet

Der Körper wird benutzt, strapaziert, überfordert, verletzt. Wir finden es schon fast »natürlich«, bei körperlichen Problemen zum Arzt zu gehen.

Ritual: **Gib deinem Körper die Chance mit dir in Verbindung zu sein. Lege dich bequem, warm zugedeckt und geschützt auf eine Matte oder aufs Bett. Leg die Hände auf den Bauch und beobachte den Atem über das Heben und Senken der Hände. Während du atmest, nimm den Körper wahr, nimm die Bewegungen, auch die feinsten, im Körper wahr. Dann leg die Hände auf die unteren Rippenbögen und nimm auch hier den Atem über die Hände wahr. Schließlich leg die Hände unter die Schlüsselbeine und beobachte auch hier den Atem über das Heben und Senken der Hände.**
Dann leg die Hände rechts und links neben den Körper und wandere zu den Füßen. Bewege sie und nimm die Bewegung wahr. Geh mit der Wahrnehmung durch die Beine zu den Hüftgelenken, nimm den Raum in den Hüftgelenken wahr. Wandere in den Bauchraum, nimm alle inneren Organe wahr. Wandere an der Wirbelsäule entlang nach oben zur Halswirbelsäule. Nimm Wirbel, Bandscheiben, Wirbelkanal und all die Muskeln und Faszien wahr. Nimm die Arme und die Hände wahr, wandere über die Kopfhaut und nimm die Haarwurzeln wahr. Nimm alle Muskeln im Gesicht wahr. Lass ein tiefes Aufatmen zu und genieße.

Im Schutz der Göttin

Die Geborgenheit, die wir oft in der Familie, in der Partnerschaft nicht finden, wird in diesem Ritual spielerisch hergestellt.

Ritual: **Rufe deine Freundinnen zusammen. Aus Kleidungsstücken und/oder Schuhen, aus Alltagsgegenständen wird ein Kreis ausgelegt. In der Kreismitte wird mit mehreren dunklen Decken und vielleicht mithilfe eines Tischs oder mehrerer Stühle eine Höhle gebaut. Das Innere der Höhle wird mit Decken oder Fell ausgelegt – die Vulva der großen Göttin. Eine nach der anderen schlüpft in die Höhle, rollt sich dort ein oder legt sich hin. Die anderen singen entweder den Namen der Frau oder den Namen einer Göttin, den sie sich vielleicht wünscht. Sie können auch flüstern, summen, klatschen, trommeln, rasseln – wie es eben jede gern hat.**

Die Elemente ehren

Die Elemente ehren kann eine allein oder mit vielen anderen zusammen, am besten irgendwo an einem geschützten Ort in der Natur.

Ritual: Die Frauen bilden einen Kreis und summen. Dann sagt jede, welches Element sie ehren will und wie sie es ehrt – mit einem Jauchzer, einem Laut, mit Trommeln oder Rasseln, mit einem Lied oder einem Tanz, einer Verbeugung oder mit Stille. Eine nach der anderen sagt, was sie gern sagen möchte. Dann entscheiden sich alle, für welches Element sie einen Altar bauen wollen. Alle trennen sich für eine halbe Stunde oder eine Stunde, je nach Wunsch. In dieser Zeit lassen sie sich von dem gewählten Element inspirieren und bringen etwas für den Altar mit.

Alle treffen sich wieder. Mit den gefundenen Objekten werden nun vier Altäre errichtet, für Feuer, Wasser, Luft und Erde. Das Element kann durch Farben, durch Materie, durch Symbole dargestellt werden.

LUISA FRANCIA ist Schriftstellerin, Künstlerin, Zauberkundige und eine der Begründerinnen der politischen Hexen-Bewegung. Sie hat über 30 Bücher veröffentlicht, von denen einige Bestseller wurden. Sie veranstaltet Seminare und Workshops, unterrichtet Yoga, hält Lesungen und Vorträge, die sich vor allem mit der weiblichen Kraft und mit Magie als Kommunikation, als Weg zu einem tieferen Verständnis spiritueller Energien beschäftigen. Sie reiste viele Jahre durch Afrika und Asien, um traditionelle Heilformen und Magie zu erforschen. Luisa Francia lebt in Alentejo und in Bayern.

www.salamandra.de

Eine Auswahl der Bücher von Luisa Francia bei nymphenburger zum Weiterlesen: »Der weibliche Weg zur wilden Kraft«, »Der magische Alltag«, »Im Körper zu Hause«, »Die Sprache der Traumzeit«, »Eine Göttin für jeden Tag«, »Wer nicht alt werden will, muss vorher sterben«, »Tiere als magische Helferwesen«, »Schutzrituale«, »Die Magie der Steine«, »Frauenkraft, Frauenweisheit«, »Hexenbesen, Zauberkraut«, »Die Schatzhüterin«.

Bildnachweis

Alle Farbfotos und Illustrationen von Luisa Francia.

Impressum

Umschlaggestaltung von STUDIO LZ, Stuttgart, unter Verwendung
einer Farbzeichnung von Luisa Francia.

Alle Angaben in diesem Buch erfolgen nach bestem Wissen und Gewissen.
Sorgfalt bei der Umsetzung ist indes dennoch geboten. Der Verlag und der Autor
übernehmen keinerlei Haftung für Personen-, Sach- oder Vermögensschäden,
die aus der Anwendung der vorgestellten Materialien, Methoden oder Informationen
entstehen könnten.

Unser gesamtes Programm finden Sie unter **nymphenburger-verlag.de**

Gedruckt auf chlorfrei gebleichtem Papier

3. Auflage

1. und 2. Auflage erschienen in der
F. A. Herbig Verlagsbuchhandlung GmbH, München.

ISBN 978-3-485-03013-7
Lektorat: Dr. Stefan Raps und Monika Riedlinger
Produktion: Angela List
Druck und Bindung: Print Consult GmbH, München
Printed in The Czech Republic / Imprimé en République Tchèque

MIX
Papier aus verantwortungsvollen Quellen
FSC® C084279

Die Deutsche Nationalbibliothek verzeichnet diese Publikation in der
Deutschen Nationalbibliografie; detaillierte bibliografische Daten sind im
Internet über http://dnb.d-nb.de abrufbar.